Financial Gerontology

金融ジェロントロジー

「健康寿命」と「資産寿命」を
いかに伸ばすか

Atsushi SEIKE
清家 篤
［編著］

東洋経済新報社

はじめに

　日本の少子高齢化は文字通り世界に類を見ないものだ。少子高齢化による労働力人口の減少は、マクロ経済の需給両面で成長の大きな制約となり、いかにして労働力を維持し、また労働力が減少してもそれを補う生産性向上を図るかが、喫緊の課題である。そして日本を世界に冠たる長寿社会にした年金、医療、介護の仕組みを、将来世代にもしっかりと持続可能な形で伝えるために、現在世代の給付抑制や負担増を含む歳入・給付両面での社会保障制度改革も不可欠となっている。

　そうした中で、個人の高齢期の生活の質を高め、かつ社会全体でも高質の社会保障を維持できるようにするための方策が求められている。健康寿命を伸長する生活習慣病の予防、高齢期の身体機能の維持を可能にする再生医療やロボット技術などの技術革新、医療・介護給付を飛躍的に効率化しうる人工知能やビッグデータの活用、そして高齢者の就業・雇用を促す働き方の見直し、さらに高齢者の資産管理の高度化、といったことが鍵を握る。

　それらを実現するためには、「高齢」の再定義や世代間の支え合いの仕組みの再構築、そして新産業を創出しうる技術革新などにつながる、医学、工学、経済学、法学などの学際的アプローチによる産学連携の調査研究が重要になっている。

　すでに米国などでは、老齢期及び老齢化のプロセスを研究するジェロントロジー（老年学）と金融研究とを組み合わせ、「健康寿命」だけでなく「資産寿命」も伸長して、それらと「生命寿命」とのギャップをできるだけ縮小するための学際研究も進んでいる。それが「金融ジェロントロジー」と呼ばれるものだ。

そうした問題意識のもとで、高齢社会における、就労や資産運用などの個人の経済活動に及ぼす影響・課題を多面的に洗い出し、そこで必要とされる対応について学際的に議論すべく、慶應義塾大学の医学・工学・経済学・法学などの研究者が集い、野村資本市場研究所に事務局役を引き受けて頂いて「高齢社会における金融・経済・医療に関する研究会」を2016年4月に立ち上げた。

　この研究会はその開始当初から、そこでの議論の成果を書籍としてとりまとめ、問題提起と具体的な提言を行うことを目指してきた。本書は、そうした意図を実現するための第一歩として、研究会参加者がそれぞれの専門分野における議論の成果を中心に執筆したものである。豊かな高齢社会について考えようとしておられる方々が、医学・工学・経済学・法学などにわたる本書の学際的アプローチの成果から有益な示唆を得られんことを願っている。

　本研究会の運営全般を、野村資本市場研究所の皆様に担って頂いたことに、この場をお借りして感謝の意を表明したい。また、書籍の出版にあたりご尽力頂き、丁寧な編集作業をして下さった東洋経済新報社の皆様にも厚く御礼申し上げる次第である。

　　2017年3月

清家　篤

目 次──金融ジェロントロジー

はじめに　3

序章　ヘルスケアとウェルスケアの時代　11

1. 世界に類を見ない高齢化　12
2. 急上昇する医療・介護給付　14
3. 認知能力の低下した高齢者の急増がもたらす問題　17
4. 鍵を握る健康寿命伸長　20
5. 第4次産業革命と超高齢化社会　24
6. この本の構成　25

第1章　超長寿社会における社会経済システムの構想　29

1. 超長寿社会の到来　30
   1. 人類の寿命の伸長　30
   2. 予想を上回る寿命の伸長　32
2. 寿命の伸長が社会にもたらす影響　36
   1. 寿命の伸長が社会にもたらす課題　36
   2. 高齢者雇用への期待　40
3. 認知能力の低下がもたらす問題　43
4. 超長寿社会における新しい社会経済モデル　46
5. 高齢化と経済学：問題設定の枠組み　47
6. 高齢化とデフレの関係　49
7. ライフサイクル・モデルの新しい発展　50
8. 政策的・実務的な論点提示　52

第2章 認知機能の低下した高齢者の意思決定　55

1. 加齢に伴う認知機能の低下　56
    1. 認知機能低下と認知症　57
    2. 認知症の認知機能の評価　57
    3. 健常者と認知症の「中間」の人々の存在　59
2. 意思決定とは何か　61
    1. 意思決定の定義　61
    2. 意思決定が問題となる場面　61
    3. 金銭管理に関する意思決定能力の問題　62
    4. 成年後見制度について　63
3. 意思決定能力の評価　65
    1. 財産管理に関わる意思決定　65
    2. 財産管理能力の評価　65
    3. 財産管理と関連する認知機能　67
4. 遠隔評価システム　68
    1. 遠隔医療総論　68
    2. 遠隔による認知機能評価　69
    3. 財産管理に関する遠隔評価と機械学習　69
5. 現場での評価の提案と今後の課題　70

第3章 社会システムの変革で人口減少時代に挑む
── ウェルビーイング・プラットフォームの構築　73

1. 求められる社会システムの変革　74
    1. 少子高齢化、経済成長の鈍化、人口減少という逆境　74
    2. 保健医療2035という改革視点　74
    3. ICTを活用した社会システムの変革により世界をリードする　75
2. 人間を中心にして、開かれたICT基盤を構築する　77
    1. 企業や施設が情報を囲い込むのではなく、個人を軸に情報を活用する　77
    2. 個人中心の開かれた情報基盤「ピープル」(PeOPLe)　78

❸ 情報をつなげて、「ひらく」　80
　　❹ プロフェッショナリズムの新しい時代　81
3. ウェルビーイング・プラットフォーム（Wellbeing Platform）により実現する将来像　83
　　❶ 世界に誇るプロフェッショナルの価値をさらに高める　83
　　❷ 魅力的な生き方を追求する中で自然と健康になることができる　86
　　❸ 現状の価値の最大化だけでなく、将来世代を見通した持続可能な社会　89
　　❹ ウェルビーイング・プラットフォームで実現するウェルスケア　93

第4章　高齢社会を支えるテクノロジーはどうあるべきか　97

1. テクノロジーの変遷　98
2. 医療と福祉を支えるテクノロジー群　99
3. 高齢社会と脳卒中　102
4. 介護問題に対してテクノロジーが果たせる役割　103
5. ニューテクノロジーによる神経機能の治療と補完　106
6. 医療テクノロジー開発の「勘どころ」　110
　　❶ 身体の「何を」「どこまで」治すのか　110
　　❷ 運動、動作、行為　111
　　❸ 医療機器なのか？　福祉機器なのか？　113
　　❹ 日常生活、社会生活への復帰を目指した治療パイプライン　115
7. 医療福祉テクノロジーの開発方法論　118
8. 実用化に向けた課題　119

第5章　高齢社会の働き方と健康　123

1. 高齢者の社会参加・役割と健康　124
2. 人口構造からみる健康課題と高齢者の就労　126
3. ライフコースアプローチによる加齢と心身の機能変化　128
4. 高齢社会での就労促進へ向けた健康へのアプローチ　131

第6章 高齢者の認知機能の低下と法的問題
――成年後見制度の現状と課題　135

1. 高齢者の判断能力をめぐる法的問題　136
   1. 判断能力と取引の有効性　136
   2. 高齢者の契約の有効性が争点となった事例　137
   3. 成年後見制度による対応の意味――意思能力と行為能力の違い　138
2. 高齢者の認知機能低下と成年後見制度の利用　138
   1. 成年後見制度の概要　138
   2. 法定後見制度の概略――行為能力制限の範囲と後見人等の権限　139
   3. 成年後見制度利用の実情　147
3. 高齢者の自己決定と任意後見制度　151
   1. 任意後見制度とは　151
   2. 任意後見制度利用の実情と課題　153
4. 成年後見制度の課題　154
   1. 成年後見制度の活用　154
   2. 成年後見制度の担い手と支援体制　155

第7章 高齢者の資産管理のあり方を考える　159

1. 高齢者に偏る日本の金融資産　160
2. 金融取引における「高齢者保護」の難しさ　162
3. 台頭する高齢期の資産管理という課題　165
4. 米国で進化する高齢者向け金融サービス　168
5. 金融ジェロントロジーの時代　171
6. 日本における金融ジェロントロジー　175

第8章　グローバル化の中での日本の高齢化問題
——現下の課題と将来への希望と機会　179

1. 世界の大きな流れの中で日本の健康問題を考える　181
   1. 日本は高齢化で世界の最先端を走る　181
   2. 国連主導の開発目標とグローバル・ヘルス時代の到来　182
   3. 世界の健康課題と日本の貢献の可能性　185
2. 壮大な社会実験に取り組む日本　187
   1. 急激な人口の増減　187
   2. 様々な社会実験　188
   3. 多方面への影響　190
3. 将来への希望と機会　191
   1. 日本の高齢化市場の規模　191
   2. 人口の将来推計から見る世界市場のポテンシャル　193
   3. イノベーションの役割　194
4. 将来の日本と世界の共栄のために　195

おわりに　199

索　引　201

研究会参加者一覧　206

序章

ヘルスケアと
ウェルスケアの時代

1 世界に類を見ない高齢化

　この本は、超高齢社会を迎えた日本にとって、豊かな生活の実現（ウェルスケア）は身体・精神の健康増進（ヘルスケア）と密接不可分であることを実証的に示し、その実現の道筋を提案することを目的にしている。豊かな生活と健康増進の関係は当然のように思われるかもしれないが、両者を科学的論拠に基づいて結びつけ、学際的に分析した文献は少ない。私たちは超高齢化社会において豊かな経済生活を営むために、健康状態（身体能力、認知能力）の増進がどれほど決定的な役割を果たしているかを、医学、工学、経済学、法律学などの最先端の知見に基づいて整理し、その上であるべき政策を論じることとしたい。

　日本は人口高齢化の面で課題先進国であるとよく言われる。実際に日本の高齢化は世界に類を見ないものである。

　それは高齢化の水準、速度、そして奥行において類を見ないものだ。これを図表1で確認しておこう。まずその水準であるが、日本の65歳以上の高齢人口比率は、2016年4月時点で27％を超えている。人口の4分の1以上が65歳以上の高齢者ということで、これはすでに世界のどの国よりも高い高齢人口比率である。

　この比率はこれから後も上昇を続け、今年（2017年）生まれた子供が大学生になる頃の2035年には人口の3分の1、そして今の大学生が高齢者になる2060年頃には、人口の5分の2、つまり約4割が65歳以上の高齢者になると予測されている。日本の高齢人口比率は、少なくとも今世紀半ば頃までは世界一の水準であり続けることになる。

　また図表1で高齢人口比率の折れ線グラフの勾配から分かるように、これまで日本の高齢化は非常に速い速度で進行してきた。通常、高齢化の速度は、65歳以上の高齢人口比率が7％から14％になるのに何年かかるかで測られるが、日本は1970年にこの比率が7％に達してから1994年に14％

図表1 65歳以上人口比率の変化

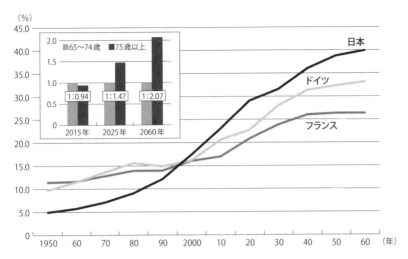

(注) 囲みの棒グラフは、65～74歳人口を1とした場合の75歳以上の人口比率。
(出所) 国立社会保障・人口問題研究所「人口統計資料集」より筆者作成。

に達するまで24年間であった。

　これに対して日本よりも先に高齢化の進んだ欧州諸国ではこの期間が半世紀から1世紀、フランスなどでは114年と1世紀以上かかっている。ということは、日本では欧州の高齢化先進国の2倍の速度、フランスなどと比べると4倍以上の速度で高齢化が進んできたことになる。

　さらにもう1つ注目しなければいけないのが、高齢化の「奥行」である。これは高齢者の中でも、より高齢な人たちの人口の比率の急上昇のことである。図表1の左肩の囲みに示した数値で説明しよう。

　図表1の左肩の囲みの中の数値は、65歳以上の高齢人口の中に占める65～74歳という比較的若い高齢者と、75歳以上という、より高齢な高齢者の比率を見たものだ。

　2015年時点でのこの比率はほぼ1対1と、65～74歳の比較的若い高齢者1人に対して、75歳以上のより高齢な高齢者1人となっている。しかしこの比率はこれから激変し、そこから10年後の2025年には、この比率は1

対1.5、つまり、比較的若い高齢者1人に対して、より高齢の高齢者が1.5人となる。これはしばしば「2025年問題」などと言われるように、1947年から1949年あるいは1950年くらいまでを含めた期間に生まれた団塊の世代の人たちが、2025年には全て75歳以上になるためだ。

そして日本の高齢人口比率が4割に達する頃、2060年になると、この比率はなんと1対2、つまり65〜74歳の比較的若い高齢者1人に対して、75歳以上のより高齢の高齢者2人というような、圧倒的にトップヘビーの高齢人口構造になってくる。文字通り超高齢社会と言うべき社会だ。このことは、とりわけ健康増進の問題が一層重要になることを意味する。

少なくともこれまでの経験から、75歳を超えると有病率あるいは要介護率が統計的にも有意に高まることが分かっている[1]。つまり75歳以上というより高齢の人たちの急増する中で、高齢者の健康寿命を維持し、それによって豊かな社会を構築するためには、そうしたより高齢の年齢層の人たちの健康状態を抜本的に改善しなければならない。またそうした改善を実現するまでは、仮にそれらの人たちの身体能力、認知能力が低下しても経済生活の豊かさが失われないような手立てを講じなければならない。私たちの問題意識はここにある。

75歳以上のより高齢な人たちの人口の増加に伴う問題は、社会保障給付の急増という形ですでに発生しつつある。これはここ10年といった期間で言えば不可避のことである。しかしその間にも将来のために必要な対策を着実に講じていかねばならない。

2　急上昇する医療・介護給付

これから2025年にかけて日本の社会保障給付は急激に増加する。これを図表2で確認しておこう。図表2は社会保障給付の総額とその内訳を2012年度の実績と2025年度の予測値とで比較した厚生労働省の試算結果

図表2　社会保障給付費の将来見通し

	2012年度	2025年度	25年度/12年度
社会保障給付費総額	109.5兆円（22.8%）	148.9兆円（24.4%）	1.36
年金給付	53.8兆円（11.2%）	60.4兆円　（9.9%）	1.12
医療給付	35.1兆円　（7.3%）	54.0兆円　（8.9%）	1.54
介護給付	8.4兆円　（1.8%）	19.8兆円　（3.2%）	2.34
子供・子育て支援	4.8兆円　（1.0%）	5.6兆円　（0.9%）	1.17
その他	7.4兆円　（1.5%）	9.0兆円　（1.5%）	1.22
GDP	479.6兆円（100%）	610.6兆円（100%）	1.27

（注）　各年度のかっこ内の数値は対GDP比。
（出所）　厚生労働省。

である。まず社会保障給付総額は2012年度の約110兆円（GDPの5分の1強の規模）から、2025年度には約150兆円（GDPのほぼ4分の1の規模）へと増加することが見てとれる。

　さらに注目すべきはその内訳である。年金や子供・子育て支援への給付も増えてはいくが、それほど大幅なものではない。年金給付は、年金の受給資格年齢に達した高齢者の増加の範囲内で伸びていくが、マクロ経済スライドが着実に実施されれば、実質給付総額は年金受給者の数の増加率以下のペースでしか増えない。従って年金は高齢化に伴ってたかだか直線的に、線形に増えていくだけである。

　また子供・子育て支援給付も、待機児童ゼロなどを目指して政策的に増やされようとはしている。しかし年金、医療、介護などと異なり子供・子育て支援は社会保険という恒久財源を持たず、財政制約の厳しくなる中で大幅な伸びは難しい。着実な増加を期待したいところだが、図表2にあるように年金給付より少し高めの伸びが精一杯というところである。

　ところが、年金や子供・子育て支援の伸びに対して、医療、介護の給付の伸びは格段に大きなものとなる。2025年度には2012年度に比してそれぞれ1.54倍、2.34倍と大幅な伸びとなり、その時点でのGDPの約9％、

3％という規模になると予測されている。

　言うまでもなくこの背景にあるのが、2025年にかけて、有病率、要介護率の高い75歳以上のより高齢な人口の増加である。つまり高齢化の「奥行」の深まりが、医療給付、介護給付の急速かつ大幅な増加をもたらしているのである。これは団塊の世代が全て75歳以上になる2025年あたりの近未来に関しては、予測というよりも確実な現実として受けとめなければならない。

　さらに医療について言えばその「質」が高まることも給付額を増加させる要因となる。つまり新しい薬剤、より高度な施術、検査など医療の質の向上は目覚ましいものがあり、もちろんそれ自体は人類の福利厚生向上のために大変に良いことなのであるが、そうした質の向上によって一般的にはそのコスト（薬価）なども高くなっていくので、これも高齢者の数の増加以上のペースで医療給付を増加させる[2]。また介護について言えば、すでに介護労働力の不足は深刻であり、賃金など介護労働者の労働条件を改善をしていかない限り介護給付の確保はおぼつかない。こうした介護サービスの単価上昇もまた介護の給付総額を高齢者の増加以上のペースで増やす要因となるだろう。

　このように年金の給付総額はたかだか高齢人口の増加と同じ（あるいはそれ以下の）ペースで線形に増えていくのに対して、医療や介護の給付総額は、非線形に増えていくことになる。その大きな要因は75歳以上といったより高齢な高齢者の急増である。またそれに加えて医療の質の向上や介護の労働力不足などによる、医療、介護の単価の上昇も医療、介護の給付総額を増加させる。

　そしてその際に医療、介護に関する改革を一層難しくしかねないのが、そこには「人」の問題も関係してくるということだ。つまり社会保障制度でも、年金は基本的には保険料や税金を徴収して、それを年金給付という現金で支払うという「お金」の世界で完結する話である。

　年金の問題は制度を改正すれば、もちろんそれも容易ではないが、それで解決する。しかし、医療や介護は、保険料や税金という形でお金を徴収

した上で、給付は医療サービスや介護サービスという「サービス」によって提供されるわけであるから、そこには当然のことながらサービスを提供する医師、看護師、薬剤師、あるいは介護士といった人たちの存在が不可欠である。そこでは前述の介護労働力などに見られるように、サービス提供者をしっかりと確保し、またその人たちにやる気を持って働いてもらわなければいけない。

3　認知能力の低下した高齢者の急増がもたらす問題

このように高齢者の中でも75歳以上といったより高齢の高齢者の増加は、医療・介護給付の急増をもたらす。そしてさらに深刻な問題は、その中で認知能力の低下した高齢者の数も急増するということだ。図表3は日本における高齢者の認知症患者数の推計値を示したものである（各年齢層の認知症発症率を一定と仮定したケース）。

この図から分かるように、現在日本ではすでに高齢の認知症患者数は約500万人に達しており、その数はこれからさらに増加し、2025年には約700万人となるものと予想されている。そしてこの認知症の表れる確率もまた75歳以上のより高齢の高齢人口層において有意に高くなっている。今後こうした高齢者の中でもより高齢の人たちの人口の急増によって、認知症患者もまた急速に増えていくと予想されている。このままいくと高齢者に占める認知症患者の割合は2025年には5人に1人にまで上昇する。

認知能力の低下した高齢者の急増は、身体能力の低下した高齢者の増加以上に深刻な問題を社会にもたらす。高齢化の進む先進各国で、この問題をこれからの最も深刻な挑戦と受けとめているのもそのためだ。そのもたらす影響はそうした問題を抱える本人、家族、関わりを持つ企業、そして社会全体に及ぶ。

本人にとっては、認知能力の低下によって生活の質が低下する。日々の

図表3 認知症の高齢人口

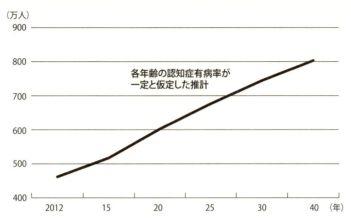

(出所) 二宮利治他「日本における認知症の高齢者人口の将来推計に関する研究」平成26年度厚生労働科学研究費補助金厚生労働科学特別研究事業、2014年。

生活に差し支えることはもちろん、耐久消費財の購入や投資といったことを自分の意思決定によって行い難くなることは生活の質を著しく低下させることになるだろう。特に投資ということについて言えば、金融資産の保有額は一般に年齢と共に増加するから、認知能力の低下する可能性の高い高齢者が、一方でより多くの金融資産を保有していることになり、その資産の運用を自らの意思決定によってすることのできないことは、後述するように社会全体にとっても大きな損失となる。

家族にとっては介護の問題が最も深刻だ。認知能力の低下した高齢者の介護、特に認知症を発症した高齢者の介護は、見守りも含めてほとんど1対1の介護を必要とする。

しかし現在すでに介護労働力の不足は深刻な状態だ。これから労働力人口が激減することを考えると、認知能力の低下した高齢者の介護サービスの確保はますます困難になる。

そうなると、さらに多くの家族、特に働き盛りの年齢層の人たちが、認知能力の低下した家族（多くの場合そうした働き盛りの人たちの親）の介

護のために仕事を辞めなければならなくなる。これは労働力人口の減少にさらに拍車をかけることになる。特に働き盛りの、高い仕事能力を蓄積した人たちを失うことは、単に労働力人口の数の減少というだけでなく、質の高い労働力を失うという意味で、その人たちの働いていた企業と日本経済全体にとって大きな損失となり、マクロ経済の供給面で、潜在成長力を大きく低下させる。

　認知能力の低下した高齢者の増加は、企業のビジネスにとっても大きな痛手となる。消費面で日々の日用品などの購入は家族や介護者によって代理されるかもしれない。しかし耐久消費財、特にその利用に認知能力を必用とする自動車や家電製品、情報通信機器などは、認知能力の低下した高齢者に売ることはできない。自動車産業、家電産業、情報通信機器産業などにとって、国内需要は、単に人口が減少するために減退するだけでなく、そうした商品を購入することのできない高齢者の人口に占める割合の増加によって、さらに大きく減退するかもしれない、と考えなければならないだろう。

　そして最も深刻な影響を受ける可能性のある産業が金融業である。複雑な金融商品の購入は認知能力のしっかりした個人でも容易ではない。まして認知能力の低下した高齢者にそうした金融商品を買ってもらうわけにはいかない。

　それどころか、単純な預金やその引き出しといったことについても、暗証番号の入力なども含め一定の手続を正しく理解しなければ行い得ない。認知能力の低下した高齢者にはそうした単純な取引さえ難しくなってくる。実際多くの金融機関ではこの問題への対処はすでに大問題となっており、事実上取引を控えるといった対応につながることにもなっている[3]。

　上述のように、金融資産の保有量と認知能力低下のリスクは年齢に比例して増える傾向にある。高齢者ほど多くの金融資産を保有しており、かつ認知能力低下のリスクもより高く持っているということだ。それによって問題は倍加することになる。

　このことは経済社会全体にとっても深刻な問題をもたらすことになる。

もともと日本はただでさえリスクマネーが少なく、そのためにベンチャーなどが育ち難いなどと言われているところに、認知能力の低下した高齢者の金融資産が普通預金などに塩漬けされることになれば、ますます成長のための投資原資は少なくなってしまう。

4 鍵を握る健康寿命伸長

　こうした中で、個人の生活の質を高め、家族の介護離職を防ぎ、企業のビジネス活動を阻害する要因を取り除き、日本経済の活力を維持するためにはどうしたら良いかを考えていかなければならない。もちろんとるべき方策は様々ある。しかしその鍵を握るのが、健康寿命の伸長にあることは言うまでもない。

　ただ長寿というだけでなく、健康な状態での長寿を実現できれば、高齢者は自律的に生活して意思決定を行い、家族も高齢者の介護の心配をせずにすみ、企業も安心して高齢者を雇いまた彼らと取引を行うことができ、結果的に日本経済の活力も維持される。こうした健康長寿を実現するための方法は、大きく分ければ2つある。

　1つは言うまでもなく、高齢になってからの身体能力、認知能力の低下をできるだけ抑えるための予防を徹底することである。典型的には若い頃から生活習慣病の予防をしっかりと行うことによって、高齢になってからの発症を防ぐことだ。これが健康寿命伸長の王道であることは間違いなく、人々への啓発と同時に保険制度などを通じた生活習慣病予防行動への動機付けなども重要である。同時により有効な予防手段の開発を進めることも期待される。

　しかし現在すでに高齢に達している高齢者、あるいはもうすぐ高齢者になる予備軍にとって、もう1つの方策として期待されるのが、高齢になってから身体能力、認知能力の低下をおぎなうための方策を講じられないか

ということである。

　身体能力の回復に関しては、最近の再生医療の進歩によって、失われた身体機能の一部が回復可能になりつつある[4]。また脳科学とロボット工学の学際的な研究によって、失われた身体機能を代替し、またその回復を促す機器の開発なども進んでいる[5]。

　他方、認知能力の低下については、高齢期になってからの認知能力の低下を本格的に回復させる手立てはまだない。ただし認知能力低下の主要原因となるアルツハイマー病や脳血管疾患の発症の予防や発症を遅らせたりする方策については解明されつつあるし、また最終的に認知能力が低下しだしても、日常生活に支障をきたさない程度の活動を続けられるようにする機器や援助サービスの開発も進みつつある[6]。

　医学、薬学、工学などの分野での研究開発によって健康寿命を伸長し、その結果を社会経済において適切に運用しうる仕組みづくりのための経済学、法学、社会学などの分野での政策研究も同時に必要だ。そのことによって、高齢者の中でもより高齢の人たちの急増する社会でも、経済社会の活力を維持することは可能となる。それは次のような面で高齢社会の持続可能性を高めると期待される。

　1つは高齢社会の最も深刻な問題である労働力の減少を、健康寿命の伸長によって解決できるということである。図表4は2014年から16年間の労働力人口の見通しを示すものであるが、このまま何の策も講じないままであると、現在約6600万人の労働力人口は、16年後の2030年には約5800万人にまで減ってしまう。

　16年間で労働力人口は1割以上も減少することになり、これは、労働力の減少という面で生産活動を制約し、また労働による勤労収入の減少という面で消費活動を抑制するので、マクロ経済の供給、需要両面で成長を阻害する。そして何よりも社会保険料や勤労所得税などを負担して社会保障制度を支えている人口を減少させるので、社会保障制度の持続可能性を低下させることになる。

　しかしこうした労働力人口の減少は、人口減によって不可避となるわけ

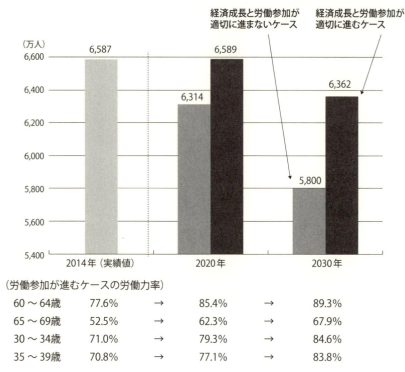

図表4 労働力人口の見通し

(出所) 雇用問題研究会推計、2014年実績値は総務省「労働力調査」、2020年および2030年は労働政策研究・研修機構推計。

ではない。労働力人口は、人口とその中に占める働く意思のある人の比率を示す労働力率を掛け合わせた積(労働力人口＝人口×労働力率)であるから、労働力率を高めることで、人口は減っても労働力人口を維持、あるいは少なくともその減少幅を小さくすることは可能である。

実際、図表4の下段に示されているように、高齢者や女性の労働力率を大幅に高めることによって、2030年の労働力人口の水準を、約6400万人程度に維持することは可能となり、この程度の緩やかな労働力人口減少であれば生産性を高めることで成長率は維持され、また社会保障制度の持続

可能性も格段に高まる。

　そしてこのシナリオを実現するためにも健康寿命の伸長は不可欠だ。高齢者自身の就労を進め労働力率を高めるために、高齢期の健康状態は決定的に重要な条件になることは言うまでもない[7]。さらに女性の就労を進め労働力率を高めるためにもこれは大切な条件となる。というのは、身体能力、認知能力が低下して介護を必要とするようになった高齢者の家庭内介護の担い手になる可能性の高いのは女性であり、高齢者の健康寿命伸長は、介護のために離職せざるをえなくなるリスクの高い女性の離職を抑えその労働力率を高めることになる。

　健康寿命の伸長は高齢期の消費活動を維持するためにも重要である。特に身体能力、認知能力が維持されていることは、自動車を含む耐久消費財などの高額商品の購入、観光旅行などを含む高額のサービスを購入するための大切な前提条件となる。健康寿命伸長のために資源を投下することは、そうした商品やサービスを生産する産業界にとっても極めて収益の高い社会的投資となり、それらの産業界が健康寿命伸長政策に協力支援する強い動機付けとなるはずだ。

　そして健康寿命伸長が何よりも大きな福音をもたらす経済分野は金融であろう。先述したように、とりわけ認知能力の低下は金融取引の決定的な阻害要因となるから、その状況の改善のもたらすプラスの効果は計り知れない。

　たしかに医学的には認知能力低下の予防や回復の実現にはまだ時間を要するが、それを少しでも促進することによって、高齢者の金融取引の可能範囲を拡張し、高齢者の保有する膨大な金融資産の死蔵化を阻止し、本人の家計、金融業の経営、そして経済社会の資金循環、それぞれの状態を改善することにつながってくる。

　また認知能力低下がすぐには改善しないとしても、少なくとも一部の金融取引を行うことは可能となるような技術的、あるいはそれを制度的枠組みなどを工夫することも重要な課題となる。これらのことを総合的に研究する学問分野が、本書のテーマの1つである金融ジェロントロジー（金融

老年学）である。

5　第4次産業革命と超高齢化社会

　さて以上述べたことからも分かるように、ヘルスケアとウェルスケアを結びつける重要な要素は技術革新である。この点でとりわけ注目されるのが、人口知能（AI）、生命科学、ロボティクス、IoTなどを含む、いわゆる第4次産業革命だ。2016年冬の世界経済フォーラム（ダボス会議）の中心テーマも、この第4次産業革命の急発展とその社会・経済的なインパクトであった[8]。

　それらの新しい技術革新は生産性を格段に向上させる。それは主として工場など生産現場の生産性を向上させてきたこれまでの技術革新に対して、多くの知的業務なども代替することで、これまで以上に様々な分野で雇用を奪うのではないかとも懸念されている[9]。しかし上述のように日本では労働力人口の減少こそ深刻な問題であり、その中で生産性を格段に向上させる技術革新はむしろ福音となる。

　また第4次産業革命は医療の生産性を格段に向上させることによって、健康寿命の伸長を可能にしてくれる大きな可能性ももっている。飛躍的に進歩した情報通信技術と、高度なデータ解析を可能にする人工知能によって、個人は検査や診断のかなりの部分を病院に行くことなく、在宅ですませることも可能になる。高齢の患者は治療以外で通院や入院の必要は無くなるので生活の質は高まり、他方で医師は検査や診断に多くの時間をとられることなく、患者の診療に集中できるようになる。これによって患者の負担軽減と、医療の効率化を同時に進められるので、医療費を抑えつつ健康寿命を伸長できる。

　また新しい技術は、これまで述べてきたように介護の技術革新の可能性も飛躍的に高める。生命科学とロボット技術などを結びつけることによっ

て、介護を要するような状態の人であっても、ある程度まで自律的に活動できるようになり生活の質はずっと高まる[10]。またそのことによって、介護者の負担は軽減され、結果的に必要とされる介護労働者数も少なくてすみ、したがって家族の介護離職のリスク低下にもつながる。これらはすでに一部実用化されつつあり、ウェルスケアに結びつくヘルスケアとして大いに期待できる。

このように第4次産業革命のもたらす技術が高齢化に伴う問題解決に大きく寄与する可能性があるということは、高齢化によって生じる労働力不足、医療や介護給付の急増、介護労働者の不足といった問題が、技術革新を促す原動力にもなりうるということを意味する。それらの問題に伴う経済的、社会的費用の大きさに比例して、それを解決することの利益も大きくなるからである。少子高齢化によって生じる問題の深刻さゆえに、第4次産業革命のもたらす新技術群を実用化することによって得られる利益もまた大きくなるということであり、技術革新をより一層促進することになるだろう。

日本では第4次産業革命が少子高齢化の問題を解決することに大きく寄与し、それゆえに少子高齢化が第4次産業革命を促進するという好環境となりうるのだ。両者が、いわゆるウィン・ウィンの関係になりうるということである。高齢化のもとで、日本の技術力はますます強くなる。もし日本でそのような状況を作り出すことができるなら、これから日本に続いて少子高齢化を経験することになる国々にも良いモデルを示すことになるという意味で、価値のある挑戦といえる。

6　この本の構成

以上述べたような問題意識に立って、本書ではこれから、豊かな生活を実現するために（ウェルスケア）と身体・精神の健康増進（ヘルスケア）

がいかに重要であるかを、最新の研究成果を分かりやすく紹介することで示し、それに基づき政策課題を提示し、さらに実現可能な政策提言を行っていくことにしたい。

　第1章では、高齢化、より正確には長寿化の進展に着目し、それが社会・経済にどのような影響を及ぼすかを俯瞰する。これは、本書の入口の議論として位置付けられる。長寿であること自体は個人にとっても社会にとっても望ましいが、一方で、従前のままでは医療・介護及び公的年金制度を維持することが難しくなっていく。65歳以上を一律に高齢者と見なすことを改めるなど、社会制度の基本からの再構築が必要になることを明らかにする。その上で高齢者の経済行動を、ライフサイクル・モデルを用いて分析することを提案する。

　第2章から第5章までは、ヘルスケアに関するテーマを扱う。

　まず、第2章では、高齢化のもたらす最大の課題である認知機能の低下そのものについて医学的に解説する。認知機能の低下はなぜ起こるのか、単なる認知機能低下と認知症は何が違うのか、そもそも意思決定とは何かなど、根本的ではあるが意外に難しい質問に、分かりやすく答えていく。また、認知機能低下と財産管理能力との関係を概説する。さらに、遠隔地からの認知機能評価など、近年注目されている最先端の取り組み事例を紹介していく。

　第3章では、情報通信技術（ICT）、ビッグデータ分析、人工知能（AI）といったキーワードが登場する。これらの技術について、医療分野における利用可能性を示し、近未来の日本の保健医療の姿を描く。社会システムの変革は避けて通れず、容易ではないが、その過程で次世代を支える新たな活力が生まれる可能性もある。ヘルスケアとICTが融合した新産業の誕生が、次世代の日本の経済成長を牽引しうることを明らかにする。

　第4章では、医療と福祉を支える最先端のテクノロジーの事例を紹介する。脳卒中は要介護となる主因の1つだが、機能回復を完全にあきらめる必要はない。例えば、脳の活動に応じた刺激を与えることで、脳内の神経回路を書き換えていく治療法が開発されており、介護度を軽減できる可能

性もある。新しいテクノロジーの活用による介護負担の軽減効果や、介護度の改善による費用削減効果を分析し、医療福祉テクノロジー開発の勘所を述べる。

　第5章では、高齢社会における健康維持と就労をテーマとする。高齢者が、就労を通じて役割を果たし、またコミュニティとのつながりを意識することは、当人の健康維持に役立つ。ただし加齢と共に心身機能も変化するので、高齢者の労働適応能力である「ワークアビリティ」を把握して配置するなど、職場環境を調整する必要はある。雇用する企業側にインセンティブを与えるような環境づくりの工夫も必要である。

　第6章と第7章は、ウェルスケアに関連する内容だ。

　第6章は、心身機能の低下により、高齢者本人による財産管理が難しくなった場合の法制度である、成年後見制度について解説する。最近よく耳にするようになってきたとはいえ、成年後見制度は、まだ十分に理解されているとは言い難い。ここではまず制度の趣旨やポイントを、順を追って説明する。その上で、後見人制度の担い手不足がすでに発生していることなどにも触れつつ、司法書士、弁護士といった専門職後見人や市民後見人を担い手とするだけでは限界であり、親族が後見人として活動できる体制構築が必要であることを示す。

　第7章では、長寿社会における、高齢者の資産管理について現状と課題を明らかにする。金融資産の年代別分布を見ると、60歳以上の世代が家計における貯蓄の6割以上・有価証券の7割以上を保有しており、その適切な管理は、本人と家族のみならず社会経済全体にとっても重要となる。認知機能低下局面での資産管理について金融機関はどう対応するのが望ましいのか、長寿化の中で資産寿命を伸長するにはどうすれば良いかなど、個人の資産運用には一日の長がある米国の取り組みを参照しつつ、従来と比べてより幅広い角度から高齢者の資産管理のあり方を議論する。

　最後に第8章では、視野を広げて地球規模の観点から、日本の高齢化問題にアプローチすることの重要性を説く。高齢化は、アジアをはじめ、世界中の諸国で中長期的には進展が予想されている。今後、日本の長寿問題

に関する取り組みを世界に展開することによって、日本が世界の直面する健康問題に対し大きく貢献できる可能性のあることを明らかにしていく。

(清家　篤)

［注］
1) 例えば、介護保険の被保険者で、要介護認定を受けているのは、65〜74歳の3%に対し75歳以上は23%にのぼる（内閣府『平成28年版高齢社会白書』）。
2) 医療給付の増加、課題については、本書の第1章「超長寿社会における社会経済システムの構想」、第8章「グローバル化の中での日本の高齢化問題」などを参照。
3) 本書の第7章「高齢者の資産管理のあり方を考える」にあるように、証券会社が高齢投資家に対しより慎重な対応を求められるといったことも始まっている。
4) 京都大学の山中伸弥教授のiPS細胞研究はもとより、皮膚、目の角膜など様々な分野での応用が始まっている。
5) 本書の第4章「高齢社会を支えるテクノロジーはどうあるべきか」を参照。
6) 本書の第2章「認知機能の低下した高齢者の意思決定」を参照。
7) 清家篤・山田篤裕『高齢者就業の経済学』日本経済新聞社、2004年は、健康に問題のある高齢者の就業継続確率は他の条件一定のもとで31.7%低下することを示している。
8) 詳しくは、Schwab, K., "The Fourth Industrial Revolution," World Economic Forum, 2016（邦訳は、クラウス・シュワブ『第四次産業革命——ダボス会議が予測する未来』世界経済フォーラム訳、日本経済新聞出版社、2016年）を参照されたい。
9) 例えば、Brynjolfsson, E. and McAfee, A., *The Second Machine Age: Work, Progress, and Prosperity in a Time of Brilliant Technologies*, W.W. Norton and Company, 2014（邦訳は、エリック・ブリニョルフソン、アンドリュー・マカフィー『ザ・セカンド・マシン・エイジ』村井章子訳、日経BP社、2015年）など参照されたい。
10) 本書の第4章「高齢社会を支えるテクノロジーはどうあるべきか」で紹介されたような技術進歩への期待は大きい。

第 1 章

超長寿社会における社会経済システムの構想

日本の高齢化率はすでに2015年時点で26％となり、今後も継続的に上昇が見込まれる。高齢化率の上昇は、出生率の低下と寿命の伸長によってもたらされる。このうち、寿命の伸長、すなわち長寿自体は社会にとって望ましいことである。長寿化の進展は、単に高齢者の数が増えるだけではなく、社会経済の質や構造の変化という点でも大きな影響を及ぼす。超長寿社会においては、社会経済システムの見直しが必要になるであろう。

1 超長寿社会の到来

1 人類の寿命の伸長

　人類の寿命はこれまで、①乳幼児の死亡率の改善、②中高年の死亡率の改善の2段階で伸長し、そして近年は、③最高寿命の伸長という、3段階目の可能性も出てきている。

　これまでの人類の歴史を振り返ると、高い乳幼児死亡率によって長期にわたって人類の寿命の伸びが抑制されてきた。人類の最初の生命表は、ローマ帝国の政治家、法学者のウルピアヌスが364年に作成したとされる。この時代に、生命表が必要になった理由は、ローマ帝国におけるファルキディウス法による「被相続人は指定した相続人に全資産の一定以上の財産を遺贈することは禁止する」という条文を守るため、被相続人の生存率を計算し、遺贈する資産の価値を見積もる必要があったからである。その後、寿命に関する統計は17世紀から増加し、様々な統計が残されるようになる。

　図表1-1は、各時代、地域での年齢ごと（5歳以降は10歳刻み）の生存率である。生存期間0歳を100として、次の期間までにどの程度の割合が生存できるかを示している。古代から18世紀までは、0歳から5歳の間で生存率が急激に低下することが分かる。ローマ帝国と18世紀前半の英国の乳幼児死亡率はほとんど差がない。人類は、かなり長期にわたって寿命

図表1-1　過去から現在の人類の生命表の推移

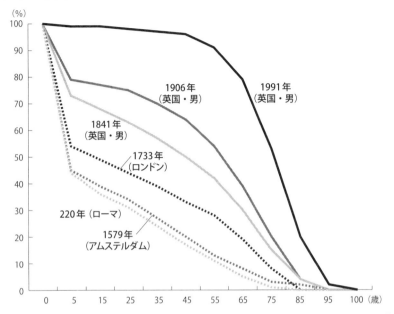

(出所)　Teugels, J. L. and Sundt, B. eds., *Encyclopedia of Actuarial Science*, John Wiley & Sons, 2004 より筆者作成。

が伸び悩んできた。古代から近代までは、死亡率の高い幼児期、子供期を生き抜き、成人になれた人の多くは50、60歳代まで生存するものが多かったとされる[1]。

そして衛生環境、医療技術、食料環境の改善により、18世紀から19世紀にかけては、乳幼児死亡率が大幅に改善し、次に20世紀前半から20世紀後半にかけて高齢者の生存率が大きく改善するようになった。

以上のように、寿命の伸びを乳幼児死亡率の改善と高齢者の余命の伸びに分けて考える必要がある。高齢者の余命の伸長を「矩形化」と呼ぶが、現在、高齢者の余命の伸びは継続し、超長寿社会に突入している。

超長寿社会の中での高齢者の位置付けはどのように変わるのだろうか。人類の歴史において、社会における高齢者の位置付けは、その時の社会経済システムによって変化してきた。

産業革命、福祉国家成立以前は、多くの人々が健康が許す限り死ぬまで働く「生涯現役社会」であった。しかし、産業革命以降は、継続的な乳幼児死亡率の低下により若い労働者が増加し、他方で、働く場は工場労働が中心になった。そこで、若い労働者が大量に供給される一方で、加齢により肉体的な仕事に耐えることができなくなった高齢者は、工場では足手まといになり、強制的な退職年齢である定年が定められた。同時に高齢者の退職後の生活を維持するために年金制度が導入され、高齢者の引退と年金の一体化した制度が成立した。

　このように考えると、現在の60〜65歳での引退、年金受給というモデルは産業革命以降の工業化社会、福祉国家によって定着したものである。しかし、今日、高齢者の長寿化が進み、同時に高齢者の体力、知力が改善し、高齢者数が大きく増え、他方で出生率の低下で若年人口が減少している。そして産業の中心は工業ではなく、知識産業、サービス産業が中心になった。寿命の伸長と新しい社会経済環境の中で、高齢者の位置付け、役割を見直すべき時に来ている。

2 予想を上回る寿命の伸長

　人口構造は社会経済のあり方に大きな影響を与える。したがって、政府は将来の人口を推計し、それに基づいて政策を計画する。しかし、その推計は、過去の人口統計から将来を予測するため、変化が大きく急速な場合、どうしても現実と推計の間に大きなギャップが生まれることになる。

　例えば1975年の人口推計では、2015年現在でも総人口は増加を続けており、高齢化率も16％程度で安定すると予測されていた。しかし、実際には、この予測は大きく外れ、2015年で高齢化率は26％に到達し、すでに人口減少社会に突入している。

　人口推計が大きく乖離したのは、出生率の想定にずれがあったことが原因の1つとしてよく知られているが、もう1点ある。それは人口推計が寿命の伸長を過小推計していた点である。

　図表1-2は各年の人口推計における高齢者の寿命の伸長予測であるが、

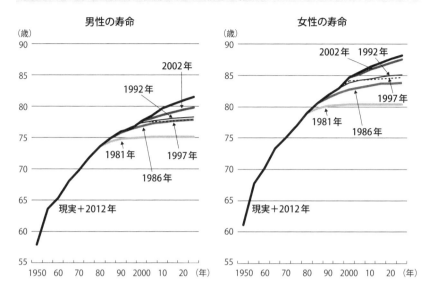

図表1-2　寿命の伸長の予測と現実（各年の推計）

（注）　2006年推計の数値は2012年推計と近い値となっており、グラフ上ではほぼ線が重なっている。各年は推計の年である。「現実＋2012年」は2012年までの実際の動向と2012年推計の組み合わせを意味する。
（出所）　国立社会保障・人口問題研究所資料。各年より筆者作成。

推計の改訂のたびに上方に修正されている。この結果、1975年時点では、将来、2500万人程度で頭打ちになると予測された高齢者人口は、2010年の推計では、2040年には4000万人に接近すると修正された。

　寿命の伸長については、たびたび研究者から、もう限界に達しているという見方が出されたが、現実の動きはそれを上回った。人口統計学者のジム・オーペンらによると、1840年以降、最も長寿の進んだ国の寿命の伸びを見ると、ほぼ4年で1歳増えていることが確認されている。

　現実の寿命伸長が予測を超えるため、人口推計を担当する国立社会保障・人口問題研究所は、より寿命の伸長を正確に予測するため、推計方法の改善を進めた（2012年の推計は図表1-3）。しかし、すでに日本は、国際的に比較しても平均寿命が非常に高くなっており、他国の推計モデルを参考にできなくなっている。

図表1-3　男女別寿命中位数年齢の動向と将来予測

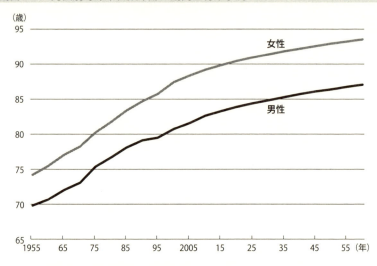

(出所)　国立社会保障・人口問題研究所「日本の将来推計人口(2012)」。

　1990年代までの推計では、死因別死亡率の過去の趨勢を統計的に延長する方法で将来の寿命の伸長を推計する方法が取られてきたが、死因データに関する統計的な安定性などの課題が出てきており、2002年以降は、リレーショナル・モデルと言われる数理方程式のリー・カーター・モデルを採用し、現在は老化過程を考慮した修正型リー・カーター・モデルが使われている[2]。

　修正リー・カーター・モデルでは、年齢と死亡の関係について、生物的な規則性による恒常的に存在する部分と将来改善する可変的な部分に分けて考え、恒常的な部分は最近の年齢別死亡パターンを基準とし、可変的な部分については、死亡率の改善効果を取り入れて、将来の年齢別死亡率を推計している。平均余命以外にも、出生者のちょうど半数が生存すると期待される「寿命中位数」は2015年で男性83.76歳、女性89.79歳となっている。

　また生命表の特定年齢まで生きる者の割合、例えば65歳まで生存する割合は2010年時点で男性は88.8％、女性で94.2％であり、さらに75歳ま

図表1-4　65歳、75歳までの生存率の動向と将来予測

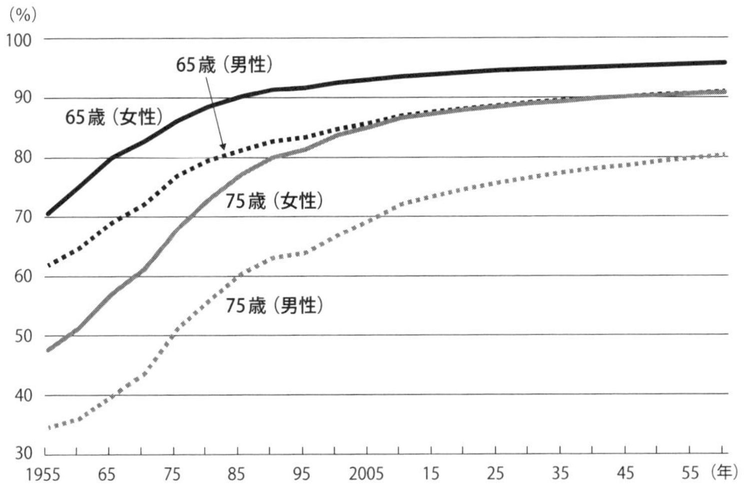

(出所)　国立社会保障・人口問題研究所「日本の将来推計人口（2012）」。

でが、男性で73.45％、女性で87.22％となっている。国立社会保障・人口問題研究所「日本の将来推計人口」によると、2060年には、それぞれ、65歳までについては、男性90.98％、女性95.72％、75歳までが男性は80.18％、女性は90.92％に上昇すると見込まれている（図表1-4）。

　ところで、寿命には、期間生命表から算出される期間寿命とコーホート生命表から計算されるコーホート寿命の2種類がある。

　よく使われる期間生命表から計算される期間寿命では、「男性の寿命は80.79年、女性の寿命は87.05年」（2015年簡易生命表、0歳時の余命）とされているが、この数字は「現在の0歳（2015年生まれ）が65歳（2080年）になった時の平均余命は2015年の65歳と同じ」という前提で計算されている。

　コーホート平均寿命は、コーホート（世代）生命表に基づく特定世代の生存率・死亡率による。このコーホート平均寿命の想定は、「現在の0歳（2015年生まれ）が65歳（2080年）になった時の平均余命は2015年の65歳よりも伸びる」という前提で計算される。このコーホート生命表の考え

方に従って、今後も各年齢層の余命が伸びると想定した場合、先進国において21世紀生まれの世代の半数が100歳に到達するという見方もある[3]。

継続的な寿命の伸長の原因は、医療技術、食料の改善、科学技術、知識の普及などがあり、生体組織工学、遺伝子治療の技術革新がさらなる長寿を可能にするという見方もある[4]。

2 寿命の伸長が社会にもたらす影響

日本では、長寿による負の側面ばかりが注目されるが、諸外国では長寿によって経済成長が促進されることが確認されている。デービット・ブルームらの研究によると「先進国では、平均寿命が1年長くなると実質経済成長率は0.3〜0.5％高まる」ことが確認されている。またケビン・マーフィーらの推計によると「米国の過去1世紀の平均寿命の伸びは1人あたり120万ドルの富を生み出した」とされている[5]。またWHO（世界保健機関）によると、英国では、年金、医療コストに比較して高齢者は税金、消費面で400億ポンドの経済貢献を行い、2030年には770億ポンドになると推計している[6]。

1 寿命の伸長が社会にもたらす課題

もちろん寿命の伸長が社会にもたらす課題もある。寿命と共に、自立して生活できる年齢、すなわち健康寿命が伸びない場合、つまり不健康な間、要介護期間が長期化することによって発生する。特に75歳以上になると急激に医療費や要介護度も上昇する。2025年には人口の多い団塊の世代が75歳に到達することから、今後、医療費や介護費の急増が不安視されている。

(1) 長寿化と年金財政の持続可能性

　医療・介護と共に制度の持続可能性が不安視されるのが公的年金制度である。長寿に対する保険である公的年金制度にとっては、寿命の伸長は長寿リスク、年金保険のリスクの上昇にほかならない。超長寿社会で、年金財政を維持するためには、①保険料を引き上げる、②給付を引き下げる、③支給開始年齢を引き上げるのいずれか、あるいはその組み合わせが必要になる[7]。

　先進各国が採用している賦課方式の年金財政の構造は以下のような均等式[8]で表現できる[9]。

$$保険料率 = \frac{高齢者数（年金受給資格者）}{現役労働者数（年金加入者）} \times \frac{平均年金額}{平均賃金}$$

　式の右辺の第1項の高齢者数／現役労働者数のうち、分子の高齢者数は、寿命の伸長によって増加し、分母の現役労働者数は、出生率と労働力率によって変化する。

　2004年の年金改革で決めたように、①の保険料の引き上げという選択肢を封印し、2017年度以降、保険料率を固定する場合、この均等式を成立させるためには、寿命の伸長分と少子化の進展分だけ、平均年金額／平均賃金を引き下げる必要がある。

　この年金の給付水準を引き下げる仕組みのことを日本では「マクロ経済スライド」[10]と呼ぶ。すなわち、少子化と、寿命の伸長に対応して、②の給付引き下げを日本の現行制度は選択している。他に均等式を維持するためには、寿命の伸長分を吸収する方法としては、支給開始年齢の引き上げがある。寿命の伸長に合わせて、年金の支給開始年齢を引き上げれば、年金を受給する高齢者数は増えない。

　これまでの多くの先進国の対応は、②の給付の引き下げが中心であった。各国とも高齢者が健康で活動的になっており、その結果、就労期間は

長期化し、高齢者就業率は上昇傾向にあるが、その背景には、年金給付水準の引き下げによる老後の所得不安もある。

給付水準の引き下げのみではなく、③の支給開始年齢の引き上げで対応している国もある。デンマークは平均寿命の伸長と年金支給開始年齢を連動させる仕組みを導入している。

現在の日本の年金制度は、2025年までに年金の支給開始年齢を65歳に引き上げて（女性は2030年）、以降は年金の支給開始年齢は固定するとしている。そして、今後も続く寿命の伸長に対しては、マクロ経済スライドで対応可能とされ、2014年の年金財政検証においては、シミュレーションされた8つのケースのうち、経済成長と労働力率を高めに想定した5ケースでは年金財政は持続可能であると評価されている。

このように日本の年金制度は、長寿化が進んでも、財政の持続可能性を維持する仕組みは導入済みである。ただし、寿命の伸長と少子化により、給付水準が大きく下がる点は大きな問題である。2014年の年金財政検証では、厚生年金加入者の年金の実質水準（対賃金上昇率の比較で）はマイナス20％、基礎年金はマイナス30％と見込まれている。

(2) 年金財政の選択肢

特に、基礎年金の大幅な給付水準の低下は貧困高齢者を増加させるため、今後大きな問題になる。

上述したように、年金財政を維持するためには、①保険料率の引き上げ、②年金の改定率[11]や給付乗率[12]などの計算式を変えて給付水準の引き下げ、③年金の支給開始年齢の引き上げ、がある。

この3つの政策は、高齢世代と若い世代に与える影響が異なる。このことをまとめたのが図表1-5である。

(3) 支給開始年齢の引き上げの効果

日本の年金制度には、個々人の判断で、65歳以降に年金を受け取る時期を遅らせ、受け取る年金額を増やす「繰り下げ支給制度」がある。受給す

図表1-5　年金財政を維持するための政策手段が各世代に与える影響

政策手段	高齢者世代の年金水準への効果や負担	若年世代の年金水準への効果や負担
① 保険料率の引き上げ	影響なし	影響あり（マイナス）
②-1 年金改定率（マクロ経済スライド適用期間の長期化／短縮）	影響あり（マイナス／プラス）	影響あり（マイナス／プラス）
②-2 若い世代の給付乗率の引き下げ／引き上げ	影響なし	影響あり（マイナス／プラス）
③ 将来の支給開始年齢の引き上げ	影響なし	影響あり（マイナス）

(出所)　筆者作成。

るタイミングを1年遅らせると、年金額を7％程度増やすことが可能になる。加えて、その1年間就労し、年金に加入すれば、さらに年金額を増やすことが可能になる。つまり、個々人にとって、65歳以上も働くことができれば、年金の受給のタイミングを遅らせることで、マクロ経済スライドによる給付低下を一部相殺することは可能である。

　これとは別に政府が、将来、現在の若い世代の標準的な支給開始年齢を引き上げ、経済全体の労働力率を引き上げ、経済成長を高めることができれば、マクロ経済スライドの適用期間を短縮することができる。ただこの場合は留意点がある。図表1-5で示すように、マクロ経済スライドの適用期間の短縮による年金給付水準の引き上げの効果、年金水準の改善効果は、支給開始年齢の引き上げによって年金財政に貢献する世代のみならず、すでに年金を受給している高齢者にも及ぶからである。

　この世代間波及効果を防止し、年金支給開始年齢の引き上げによって年金財政に貢献した世代のみ年金水準を引き上げるためには、全世代に適用されるマクロ経済スライドの適用期間は短縮化しないで、年金支給開始年齢引き上げによる年金財政改善効果分だけ、その世代の給付乗率を引き上げるといった工夫が必要になる。

2 高齢者雇用への期待

　少子化によって労働力が減少している中で、高齢者による労働力の確保も重要になる。そもそも超長寿化社会で、高齢者を65歳以上で一括りにすべきではない。少なくとも65歳から69歳と70歳以上は区別して考えるべきである。

　まず高齢者の体力に着目しよう。文部科学省の「平成26年度体力・運動能力調査」によると日本の高齢者の体力はここ20年で大きく改善し、10歳程度身体能力が改善しているという報告がある。国民の意識も変化している。内閣府の世論調査「平成25年度高齢期に向けた『備え』に関する意識調査」では、国民が「高齢者と見なす」年齢の平均は70歳であった。そこで、日本では「65〜69歳」を「後期現役」として位置付け、その「体力」「知力」を活用すべきである。

　もし、高齢者の労働力率が上昇すれば、若年人口が減少しても、労働人口の減少をある程度まで抑えることができる（図表1-6）。図表1-6は「①労働力率の上昇が加速しないケース」、②「政策により労働力率の上昇が加速するケース」、③「年金の標準的な支給開始年齢が69歳になり多数が69歳まで働くケース」を示している。③の場合労働者の年齢構成は大きく変化し、図表1-7で示すように40歳以上の労働者が全体の3分の2以上になる。

　40歳以上が労働力人口の3分の2を占めることになると、加齢と共に、人間の能力がどのように変化するかは重要な課題になる[13]。人間の知的能力の変化に関する研究によると論理的思考力、抽象的な問題への理解といった流動性知能（図表1-8-AのWM（working memory）における「数字の順番の記憶」「類似図表パターンや記号パターンを発見する速度」）は、年齢と共に低下してくるとされているが、言語能力や対人調整能力などの結晶性知能（図表1-8-Aの言語能力や図表1-8-Bの「外見から他者の心理を推測する」能力（Mind in Eyes Task））は年齢と共に向上している。両者の逆転の年齢は一般的に40歳とされているが、人はこの2つの知能を組

図表1-6　労働力人口の推計

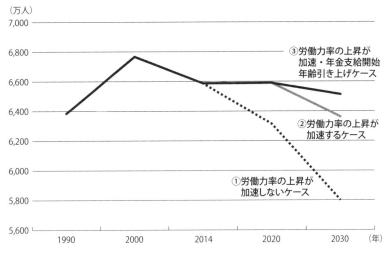

(出所)　筆者推計。

図表1-7　労働者の性別・年齢構成の推計

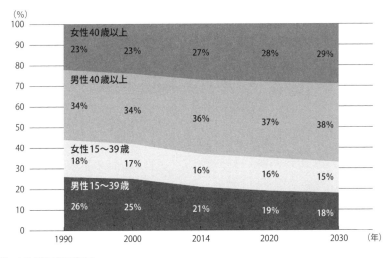

(注)　小数点以下は四捨五入。
(出所)　筆者推計。

図表1-8　年齢と流動性知能と結晶性知能の変化

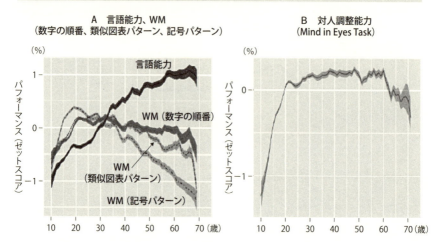

(出所) Hartshorne, J. K. and Germine, L. T., "When Does Cognitive Functioning Peak? The Asynchronous Rise and Fall of Different Cognitive Abilities Across the Life Span," *Psychological Science*, 26(4): 433-43, 2015.

み合わせて、労働能力を維持している。

　このように高齢者の就労能力が維持でき、就業意欲が上昇したとしても、問題は、65歳以降の雇用機会の確保にある。また65歳以降の高齢者雇用の促進については、若い世代で非正規労働者が増えていく中で、高齢者がいつまでもポストにしがみつくことになるのではないかという批判もある。

　しかし、ポストのミスマッチというミクロ的な議論と経済全体での労働力不足というマクロの問題を混合して議論すべきではない。マクロ経済から見れば、労働力は過剰ではなく不足し、日本経済の足を引っ張っている。したがって、若い世代と高齢世代の雇用を巡る問題は、処遇、ポストを巡るミスマッチであり、それぞれの世代の能力、経験などにあった役割分担ができるような雇用の仕組みを模索すべきである。

　以上見たように、若い世代ほど長寿を享受できることから年金の支給開始年齢の引き上げやマクロ経済スライドによる給付水準の引き下げを正当化できるようにも見えるが、社会政策上、留意すべき点もある。すなわ

ち、全ての人が長寿を享受できるわけではない点である。

　所得格差の拡大の中で、健康状態、寿命の所得間格差も広がる傾向がある。厚生労働省の「平成26年国民健康・栄養調査」によると、①生活習慣等の状況について、所得の低い世帯では、所得の高い世帯と比較して、穀類の摂取量が多く野菜類や肉類の摂取量が少ない、②習慣的に喫煙している者の割合が高い、③健診の未受診者の割合が高い、④歯の本数が20歯未満の者の割合が高いなど、低所得者ほど健康状態に問題があることが確認されている。

　先述の通り、平均的な寿命の伸長に合わせて、年金の支給開始年齢を遅らせたり、給付水準を引き下げることになると、寿命が伸び悩む低所得者にとっては不利な結果になる。また支給開始年齢の引き上げは、高齢者の雇用継続を前提とするが、低所得者は健康上の理由から雇用継続が難しくなるかもしれない。この場合、仕事も年金もない期間が発生してしまうことになるので、低所得者に配慮した所得保障制度が必要になるであろう。

3　認知能力の低下がもたらす問題

　加齢と共に身体機能のみならず認知能力も低下する[14]。特に今後、認知能力の低下した高齢者の増加により様々な社会的コストも増加すると思われる。

　現代社会はほとんどの人が、自ら責任ある判断能力を持っていることを前提としてきた。しかし、長寿社会では、認知能力が低下した人が増加している。すでに認知症とされる人は現在約500万人と見られており、さらに今後2025年には約700万人以上の水準になると推計されている[15]。

　認知能力の低下がもたらす問題として、高齢者の自動車の運転事故の増加など、目に見えるものが注目されているが、必ずしも目に見える課題ばかりではない。一定の認知能力は、日々の買い物、資産運用などの経済取

引を行う上で前提になっている。経済活動で取引相手が認知能力に課題がある場合、様々なトラブルが発生し、その不確実性により経済活動は停滞することになる。特に団塊の世代は多くの金融資産を保有するため、その資産運用が停滞することや相続に混乱が起きることは社会経済を混乱・停滞させることになるであろう[16]。

　超長寿化により、認知能力、判断能力の低下した人が増えていくという問題に社会はどのように対応するのか、現代社会の仕組みそのものに大きな影響を与えることになるのである[17]。

　経済学では、合理的な個人が想定され、各自の選好・無差別曲線と、所得、価格体系から規定される予算制約線上で個々人が最適な消費・貯蓄選択を行っているとしている。しかし、実際には、こうした最適な選択から系統的に乖離した「行動バイアス」のある経済行動が多く見られ、「行動経済学」として研究が進んでいる。行動経済学では、行動バイアスは、意思決定に複雑な情報処理を必要とする場合、リスク・不確実性が伴う場合、現在と将来の利益の双方に影響を与える場合、何らかの見返りが期待できる場合、に発生するとされる。

　ここでは、意思決定に必要な複雑な情報処理能力の低下、すなわち加齢と共に低下する認知能力の問題について、資産運用に着目して考えよう。資産運用の能力は加齢と共にどのように変化するであろうか。これまでの研究では、資産運用能力は50代あたりでピークになることが確認されている。Agarwalらは、2000〜02年にかけて、金融機関の1万4800程度の個票データを分析し、金融資産の管理能力は、50代前半でピークになるとしている。この動きは、図表1-9に示されるように、年齢によって住宅ローンや与信枠に設定される実質金利（Annual Percentage Rate；APR）がどのように変化するかによって確認されている[18]。

　また、Korniotisらは、1991〜96年までの6万人のデータを用いて、認知能力と資産運用成績との関係を見ている。この分析は、認知能力を直接測っているわけではないが、認知能力を説明できると確認されたパラメータを用いて、間接的に認知能力をスコア化し、認知能力の大小でリスク調

図表1-9　年齢と実質金利（APR）の変化

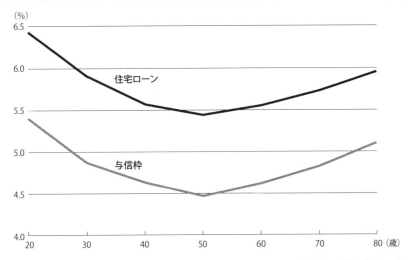

（出所）　Agarwal, S. et al., "The Age of Reason: Financial Decisions over the Life Cycle and Implications for Regulation," *Brookings Papers on Economic Activity*, Fall 2009.

図表1-10　認知能力（推計値）と資産運用成績

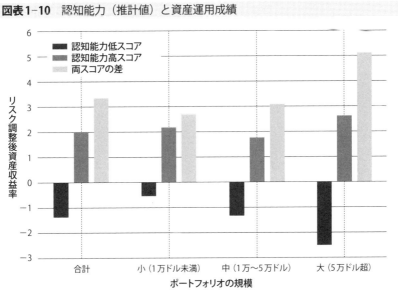

（出所）　Korniotis, G. and Kumar, A., "Does Investment Skill Decline due to Cognitive Aging or Iimprove with Experience?" Social Science Research Network, 2005.

整済みの資産の収益率（リターン）がどのくらい違うかを測っている。

これらの結果から、図表1-10で示すように、資産運用パフォーマンスは加齢と共に変化する認知能力の影響を受けることが分かる。この議論は本章の第5節以降で詳しく考える。

4　超長寿社会における新しい社会経済モデル

　これまで見たように、長寿化が社会・経済に与える影響は、社会経済の仕組み次第で、プラスにもマイナスにも変わり得る。人類の歴史を振り返ると、ペストによって急激な人口減少に直面した14世紀の欧州では、急激かつ深刻な労働力不足に直面し、社会経済の仕組みを変える必要に迫られた。急激な人口構造の変化が狭い血縁社会、排他的なギルド制度を見直し、合理的な思想、技術革新のきっかけになった。日本もまた急激に進む超長寿社会に合わせて社会経済の構造を変える時期にある。

　超長寿社会では、年齢区分で人々のライフステージを規定することをやめること、何歳からでも学び、働くことができる社会を構築することが重要であり、その手始めに、①65歳以上を一律に高齢者と見なすことをやめること、②寿命の伸長に合わせて、定年、年功処遇などの雇用制度や雇用慣行を徹底的に見直すこと、③年金、医療、介護における加入制限年齢や財政調整を規定している年齢を抜本的に見直すことなどの社会保障制度を含む制度改革を進める必要がある。

　他方で、健康、認知能力の維持は、自己責任・自己努力だけではなく、政策的に支援する必要がある。所得格差の拡大の問題は、健康格差、寿命格差をより拡大する可能性がある。所得に関わらず全ての国民が、長寿社会のメリットを享受できるような健康、教育、労働、社会保障政策が重要になる。

　さらに認知能力が低下していく人が増加することを前提にした新しい制

度、認知能力の低下を支える技術、認知能力の低下した人に代わり、経済活動（取引、資産運用、資産管理）を代行する仕組みなどの整備も必要になる。

　以上で、高齢化が社会経済システムにもたらす影響と対処策として考えられる施策を検討した。高齢化が社会環境に変化をもたらす中、高齢者自身の経済行動は高齢化に伴いどのように変化するのであろうか。次節以降は、高齢者の経済行動及び投資行動について経済学的な考察を行う。

5　高齢化と経済学：問題設定の枠組み

　高齢化と金融・経済の問題を経済学の視点から考える際には、そもそも経済学的な考察が目指す目的を思い起こす必要がある。経済学者が市場の分析や政策提言を行う目的は、社会厚生すなわち人々の効用の総和を最大化することである。その中には、高齢の方々が感じる主観的な効用も入る。

　高齢になることに伴って、人々の経済行動は変化するが、それが悪いことかどうかを判断する基準は、この社会厚生であるべきである。例えば高齢者が、加齢と共に徐々に株式投資を減らし、銀行預金を増やすようになったとすると、その行動を「改善」して、高齢者がもっとリスクを取る投資家になる方が社会的に良いのかどうかは、一概に判断できない。

　もしも、高齢者の主観的な「好み」の変化の結果として、リスク投資よりもリスクのない預金を好むのであれば、リスクを減らすことで高齢者の効用は上がるのだから、社会厚生は上がっている。そうであるならば、高齢者に、より高いリスクを取らせることは高齢者の効用を引き下げ、社会厚生を悪化させることになる。その場合、高齢者がリスクを取りやすくなる仕組みを作っても、社会厚生が低下する（高齢者がリスクを取った場合）か、あるいは、高齢者が結局リスクを取らずに終わってしまう可能性が高

い。

　したがって、問題は、高齢化による経済行動の変化が、①認知機能の減退（認知コストの上昇）によって起きているのか、②選好の変化（好みの変化）によって起きているのかの、どちらなのかである。

　もしも①ならば、高齢者は経済行動を変化させることによって主観的にも不幸せになっているわけだから、認知機能を改善する仕組みを作ることによって、高齢者の幸福度を上げ、社会厚生を高めることができる。一方、②ならば、高齢者は主観的には幸せであることになるので、認知機能を改善する仕組みを作っても、社会厚生を改善するという、経済政策にとっての究極目標に貢献することにはならない。

　したがって、高齢化と経済についての問題の本質は、「高齢化による経済行動の変化が、認知コストの上昇か、選好の変化か、どちらの原因で起きているのか」ということである。この判断には、医学的検証が欠かせない。

　例えば高齢者が投資行動においてリスク回避的になっている時、その理由が「認知コストの上昇」であるならば、高齢者はリスクテイクしたいにも関わらず、そうできなくなって主観的には不幸になっていることになる。技術的に認知コストを低減させる方策が実行されれば、高齢者はリスクテイクの量を増やし、主観的にはより幸福な状態になる。これは社会厚生の増大を意味する。さらに、資本市場から見ると、高齢者のリスクテイクが活発になれば、リスクマネーの供給が増えて、資産取引が活発になる上に、リスクの伴う企業活動が活発になり、経済全体の活性化や経済成長率の向上が期待できる。

　一方、高齢者がリスク回避的になっている時に、その理由が「選好の変化」であるならば、そもそも、リスク回避をすることが高齢者の幸福度を高めているのだから、社会厚生を高める観点からは、現状を変える必要はない。また、仮に技術的に認知コストを低減する仕組みが実現したとしても、高齢者はリスクテイクを増やさないだろう。

　このように高齢化による経済行動の変化が「認知コストの上昇」「選好

の変化」のどちらの要因によるものか、という診断次第で、社会において必要とされる方策が全く異なるかもしれないということを肝に銘じて、高齢化と金融・経済の問題を議論しなければならない。

6　高齢化とデフレの関係

　インフレやデフレなどの経済現象においては、期待形成が重要な役割を演じる。経済学では、人々は合理的に将来を計算して期待を形成する、という「合理的期待仮説」を仮定する。もちろん現実には不合理な将来期待を持つ人はいるが、そういう人は少数派だ、というのが経済学者の置く仮定である。

　高齢者は認知機能の低下に伴って、合理的な期待を持ちにくくなると思われる。社会の高齢化が進んで、高齢者の比率が上がると、不合理な期待を持つ人々の割合が増えて、もはや少数派とは言えない、という状況になるかもしれない。そうなると、経済現象を合理的期待仮説のもとで考える、という現在の経済学の理論枠組みが変わってしまうかもしれない。

　そのような例の1つではないか、と思われるのが、日本のデフレや金融政策をめぐる議論である。デフレが長期的に継続している日本経済の状況は経済学的に見て不思議なナゾであるが、高齢者の増加が金融政策の効果に何らかの影響を持っているのではないか、という意見がしばしば出されることがある。

　日本銀行の白川方明・前総裁は、日銀総裁時代に、高齢化と日本経済の関係に強い関心を持っていたことは広く知られている。日本総研の藻谷浩介氏が2010年に『デフレの正体』という著書を発行し、高齢化がデフレの正体であるという見方を示した。ほとんど全ての経済学者が反対論を繰り広げたが、今考えてみると、ある程度正しい面もあったのかもしれない。

　高齢化が経済のデフレ傾向を強める可能性は、次のようなメカニズムで

生じると考えられる。まず、高齢者は加齢による認知コストの上昇や選好の変化によって、リスクのある投資よりも、リスクのない流動性資産（銀行預金など）を増やすようになる。その結果、経済全体でも流動性資産への需要が増大し、貨幣の退蔵率が上昇する。すると、貨幣が経済を循環する速度（貨幣流通速度）が低下して、財・サービスに比べて貨幣が稀少になる。その結果、貨幣で計った財・サービスの価格が低下し、物価下落（デフレ）が発生する。

　このようなメカニズムが働いているとすると、高齢化が進むと共に、貨幣を退蔵する人の割合が増えて、デフレ傾向が強まることになる。デフレ脱却はマクロ経済政策の目標の1つだから、その目標を達成しようとすると、貨幣流通速度を上げなければならない。しかし、今の経済学では、貨幣流通速度は定数と仮定されていて、政策によってこれを変更できるとは想定されていない。したがって、どうすれば貨幣流通速度を変更できるのか、全く見当がつかないというのが正直なところである。

　では、貨幣流通速度が上がらないとしたら、どのようなマクロ経済政策運営が考えられるのか。一般に、高齢化が進展する社会において、マクロ政策やその他の経済政策をどのように分析し判断したら良いのか。この点を考えるツールとして重視されているのが、ライフサイクル・モデル（Life Cycle Models）である。

7　ライフサイクル・モデルの新しい発展

　社会の中の各世代の年齢構成を再現し、高齢化の影響を現実的な設定で分析するマクロ経済学の分野として、ライフサイクル・モデルがある。マクロ経済学の標準モデルでは、家計は永久に生きると想定されている。すなわち、家計は1人の人間ではなく、世代を超えて永久に続いていく「家族」であると想定されている。ライフサイクル・モデルでは、標準モデル

と異なり、有限の寿命を生きる1人1人の人間が家計としてモデル化されている。それは、世代重複モデルを複雑化したモデルであると言える。

　ライフサイクル・モデルには色々なバリエーションがあるが、例えば1人の人間は、最大限100歳まで生きると仮定され、毎年、ある確率で死亡する。生存した人は、若い時には労働者として賃金を得て、貯蓄をし、消費を行う。年を取って一定の年齢に達すると、仕事を引退し、年金を得て消費をする生活になる。このような人間が各年齢層にそれぞれ相応する人数だけ存在する。

　過去20～30年にわたって、ライフサイクル・モデルを使ったマクロ経済学の研究は増え続けており、2011年にノーベル経済学賞を受賞したトマス・サージェント（ニューヨーク大学教授）を筆頭に、多数の経済学者によって研究が進められている。アイセ・イムロホログル（南カリフォルニア大学教授）、セラハティン・イムロホログル（南カリフォルニア大学教授）、エリック・フレンチ（ロンドン大学教授）、マリアクリスティーナ・ディ・ナルディ（シカゴ連邦準備銀行シニアエコノミスト）、リチャード・アントン・ブラウン（アトランタ連邦準備銀行シニアエコノミスト）、北尾早霧（慶應義塾大学教授）などが挙げられる。

　ライフサイクル・モデルでは、これまで主に労働市場の問題と社会保障制度の問題が分析されてきた。これらのモデルでは、年齢が上がると共に運動機能が変化し、それに応じて労働生産性が変化するという労働者の経年変化の問題を自然に分析することができる。したがって、仕事からの引退年齢と年金支給年齢の関係など、労働と社会保障に関係する政策分析が精力的に実施されてきたのである。

　ところが不思議なことに、本書で論じている高齢者の投資行動については、ライフサイクル・モデルでは全く研究が実施されていない。金融市場を分析するのは、労働の分析よりもかなりハードルが高いのは確かであるが、そのような研究技術上の困難が問題であるというよりも、そもそも、「高齢者の投資行動が研究課題だ」という意識そのものが経済学者の側に希薄だったのだと思われる。

本書で提起しているように、近年、高齢者の投資行動は極めて大きな政策課題である。高齢者の認知機能が徐々に衰えることや、高齢化に伴って不合理な期待形成を行う人が増えること、を考慮にいれたライフサイクル・モデルを作ることはそれほど難しくはないはずである。これらの要素を取り入れて、この分野の新しい研究テーマとして、「投資家の経年変化」を研究することはライフサイクル・モデルにおける新しい地平を切り拓く可能性がある。

　このようなマクロ経済モデルを使って金融市場を分析すれば、高齢化と金融・経済を真正面から分析する経済学を作ることが期待できるのである。

8　政策的・実務的な論点提示

　高齢化に対応したビジネス上の仕組みや経済政策を考える際に、法制度的な観点からの制約条件などについて明らかにする必要がある。

　第3章で論じられているビッグデータを活用した診断システムの開発については、個人情報保護法や医療関連の法規との関連でかなり強い制約があるはずであるが、高齢者の投資行動をサポートするという面から法的制約を精査した研究はなく、今後の研究テーマとして重要である。

　また、認知症などのために資産運用の意思決定ができなくなり、かつ、本書の第7章で紹介するような家族や金融機関等による支援も困難などの事情から、いわば行き場のない高齢者の資産が出てしまった場合は、それらを預かる公的なファンドを設立し、その公的ファンドが一定のリスク資産にも投資する形で運用できるようにすれば、リスク分散の効果により、社会全体でのリスクマネーの供給を増やしつつ、個々の高齢者の資産を毀損するリスクは低く抑えることができる。

　このような公的ファンドの設立は、リスクマネー供給の増加という社会

的意義は高いはずだが、一方で、そのようなファンドが効率的に運営されなければ、大きな損失を生み出す可能性もある。老齢期のための資産という意味で類似の公的ファンドとして、国民年金及び厚生年金の積立金を運用するGPIF（年金積立金管理運用独立行政法人）がある。GPIFのガバナンス改革のあり方を参考にしながら、効率的に最適なリスクを取って公的ファンドを運営するための組織設計を考えることができれば、有用であると思われる。

（駒村康平・小林慶一郎）

[注]
1) パット・セイン『老人の歴史』木下康仁訳、東洋書林、2009年を参照。
2) 河野稠果『人口学への招待——少子・高齢化はどこまで解明されたか』中公新書、2007年を参照。
3) リンダ・グラットン、アンドリュー・スコット『LIFE SHIFT（ライフ・シフト）——100年時代の人生戦略』池村千秋訳、東洋経済新報社、2016年を参照。
4) ジョナサン・ワイナー『寿命1000年——長命科学の最先端』鍛原多惠子訳、早川書房、2012年を参照。
5) ソニア・アリソン『寿命100歳以上の世界——20XX年、仕事・家族・社会はこう変わる』土屋晶子訳、CCCメディアハウス、2013年を参照。
6) WHO, *World Report on Ageing and Health*, 2015 (http://www.who.int/ageing/publications/world-report-2015/en/).
7) 年金の財政方式については、駒村康平『日本の年金』岩波書店、2014年を参照のこと。
8) 均等式を維持するとは、年金財政の収入と支出が均等していることを意味し、年金財政が維持できていることを意味する。
9) 簡略化のために、積立金の取り崩し、運用益及び税財源からの収入は捨象している。
10) マクロ経済スライドは現在約1％とされている。これが適用されている期間、年金額は1％程度抑制されることになる。マクロ経済スライドの適用期間が長期化するほど年金水準は抑制されることになる。ただし、マクロ経済スライドは経済が物価・賃金の上昇局面のみ適用されることになっている。
11) 年金の改定率は、通常、給付前は賃金に連動し、給付後は物価に改定する。給付後、年金額が物価の動向に連動することによって、年金の実質額は維持される。マクロ経済スライドは、物価上昇率より年金改定率を低く設定することにより年金の実質価値を引き下げる仕組みである。
12) 給付乗率とは、例えば年金に1年加入することによって年金額がどの程度増えるのか決める係数である。日本の厚生年金は、現役時代の平均賃金（現役期間に経験した賃金上昇率で現在価値に変換したもの）と加入期間によって決まるが、給付乗率は約0.55％と設定される。この数字が

大きいほど年金に追加的に加入することが有利になり、年金額に反映される。約0.55％の場合は、40年加入の場合、現役時代の賃金（賃金上昇率で再評価した後）の22％を掛けたものが年金額になることを意味する。

13) ジャック・ボトウィニク『老いの科学』村山冴子他訳、ミネルヴァ書房、1987年を参照。
14) 認知能力、脳機能の課題については、ジョン・E・ダウリング『脳は生まれか育ちか——脳科学入門』安田肇訳、青土社、2006年を参照。
15) 二宮利治他「日本における認知症の高齢者人口の将来推計に関する研究」平成26年度厚生労働科学研究費補助金厚生労働科学特別研究事業、2014年。
16) 広田すみれ・増田真也・坂上貴之『心理学が描くリスクの世界』慶應義塾大学出版会、2002年は、高齢者のリスク対応について、「リスク選択肢を含む選択を避けたり、選択自体を行わないことで、現状維持を図る行動」を「選択逃避」（Escape from Choosing）と名付けている。
17) こうした問題に関する包括的な研究は、R・A・ポズナー『加齢現象と高齢者——高齢社会をめぐる法と経済学』國武輝久訳、木鐸社、2015年がある。
18) クレジットヒストリー（クレジットカードの限度額使用率、支払い履歴、破産などのネガティブ情報）のスコアが低い場合、金利が高く設定される。

［参考文献］
金融広報中央委員会「行動経済学の金融教育への応用の重要性」2012年（http://www.shiruporuto.jp/teach/consumer/report4/pdf/ron120319.pdf）。
金融広報中央委員会「行動経済学の金融教育への応用による消費者の学習促進と行動改善」2013年（https://www.shiruporuto.jp/teach/consumer/report5/pdf/ron131105.pdf）。

第2章

認知機能の低下した高齢者の意思決定

1　加齢に伴う認知機能の低下

　認知機能とは、外界からの情報を適切に処理する機能から、ものを覚えたり、思い出したりする記憶の機能、情報に基づいて適切に素早く判断するという複雑な機能まで、様々な機能を指す。認知機能が低下すると、日常生活に支障が生じてくると考えられる。
　加齢に伴って認知機能が低下する理由として、4つの仮説が提唱されている[1]。

●情報の処理スピードの問題
　高齢になるほど、情報を処理するスピードが低下する。そのために、同じ課題を処理するのに若年者よりも時間がかかるようになる。
●作動記憶の問題
　複数の物事（例えばAの課題とBの課題）を同時に処理する場合、Aの課題を行っている場合、Bの課題は頭に留めて処理しなければならない。逆にBの課題を行っている間にはAのことを覚えておく必要がある。このような機能を作動記憶と呼ぶ。複雑な計算などや、日常的には複数の料理を同時に作るというような時に特に影響が及ぶ。ミスが増えたり、手順が悪くなり時間がかかる。
●注意をコントロールできない問題
　1つの物事を完了させるためには、完了するまで注意を向け続けなければならない。同時に、物事に関係のない余分な情報に対しては、意識的に注意を向けないことも必要である。その機能が低下すると、注意散漫となったり、思いついたらすぐに行動してしまうというようなことが見られる。
●聴覚、視覚、触覚などの感覚情報処理の問題
　感覚器官を通して、正確な情報が入らないと、正しい判断が行えない。

認知機能低下の93.1％が聴覚・視覚の低下から生じるとの実験結果を示す研究がある[2]。

1 認知機能低下と認知症

一般に、認知症とは「一度獲得された知的機能の後天的な障害によって、自立した日常生活機能を喪失した状態」のことを言う。臨床的には、患者や家族から本人の日常生活の様子を問診し、脳の構造変化（MRI（核磁気共鳴画像）、CT（コンピュータ断層撮影）など）、脳の機能変化（SPECT（単一光子放射断層撮影）、PET（陽電子放射断層撮影）など）、認知機能の程度（神経心理学的検査、本人の訴え、家族からの報告など）を検査した結果をもとに、国際的にコンセンサスが得られた診断基準に従って診断が下される。

生活機能の程度を評価するものとして、臨床認知症尺度クリニカル・ディメンシア・レーティング（Clinical Dementia Rating；CDR）（図表2-1）がある。臨床的には本人と家族に聞き取りをしながら、記憶、見当識、判断力と問題解決、社会適応、家庭状況及び趣味・関心、介護状況といった各項目について評価を行い、総合的な判断を行う。丁寧に聞き取りをするために、評価を行うには、相当の時間が必要になる。CDRは0（正常範囲）、0.5（認知症の疑い）、1（軽度認知症）、2（中等度認知症）、3（重度認知症）で評価され、一般に、認知症ではCDRが1ないしそれ以上である。

2 認知症の認知機能の評価

認知機能の程度を評価するためには、改訂長谷川式簡易知能評価スケール（Hasegawa Dementia Rating Scale-Revised；HDS-R）やミニメンタルステート検査（Mini-Mental State Examination；MMSE）を用いることが多い。これらの検査は、「見当職」（日付や今いる場所がどこかが分かるか）、「記憶」（短時間に複数の単語を覚えておくことができるか）、「注意」（同じ数を集中して引き算することができるか）、「構成」（見えるものを正しく認知したり描いたりできるか）、「言語」（書字や読字を含めて、言葉の操作

図表2-1 臨床認知症尺度 クリニカル・ディメンシア・レーティング（CDR）

	正常範囲 (CDR 0)	認知症の疑い (CDR 0.5)	軽度認知症 (CDR 1)	中等度認知症 (CDR 2)	重度認知症 (CDR 3)
記憶	記憶障害なし 時に若干の物忘れ	一貫した軽い物忘れ 出来事を部分的に思い出す 良性健忘	中等度記憶障害 特に最近の出来事に対するもの 日常活動に支障	重度記憶障害 高度に学習した記憶は保持、新しいものはすぐに忘れる	重度記憶障害 断片的記憶のみ残存
見当識	見当識障害なし	同左	時間に対しての障害あり、検査では場所、人物の失見当なし、しかし時に地理的失見当あり	常時、時間の失見当 時に場所の失見当	人物への見当識のみ
判断力と問題解決	適切な判断能力、問題解決	問題解決能力の障害が疑われる	複雑な問題解決に関する中等度の障害 社会的判断力は保持	重度の問題解決機能の障害 社会的判断力の障害	判断不能 問題解決不能
社会適応	仕事、買い物、ビジネス、金銭の取り扱い、ボランティアや社会的グループで、普通の自立した機能	左記の活動の軽度の障害もしくはその疑い	左記の活動のいくつかに関わっていても、自立した機能が果たせない	家庭外（一般社会）では独立した機能は果たせない	同左
家庭状況及び趣味・関心	家での生活的趣味、知的関心が保持されている	同左、もしくは若干の障害	軽度の家庭生活の障害 複雑な家事は障害 高度の趣味・関心の喪失	単純な家事のみ 限定された関心	家庭内不適応
介護状況	セルフケア完全	同左	ときどき激励が必要	着衣、衛生管理など身の回りのことに介助が必要	日常生活に十分な介護を要する しばしば失禁

（出所） Hughes, C. P. et al., "A New Clinical Scale for the Staging of Dementia," *British Journal of Psychiatry*, 140: 566-72, 1982 より作成。

に問題はないか）など、人の脳が担う認知機能について評価を行うことができる。短時間でスクリーニングできることがこれらの検査の長所であるが、各機能の低下がはっきりとしない場合には、さらに詳細な認知機能検査を行う。

　加齢による認知機能の低下を生じさせる一因として、脳の構造や機能の変化がある。横断研究（ここでは世代の異なる集団に対して、世代以外の条件を合わせた実験や調査を行い、世代間の違いを比較する研究を指す）により、高齢になると物事の処理や判断に重要な役割を果たす前頭前野に萎縮が生じることが知られている。

　また、脳内の神経の間での情報伝達には、脳内伝達物質が関わっているが、その1つであるドーパミンが特に重要であると考えられており、高齢になると減少する。このように加齢により脳の変化が生じ、そのために認知機能の低下は引き起こされるものの、自立した生活ができている高齢者は認知症ではない。

　一方、認知症高齢者は、正常加齢の高齢者よりも、脳の萎縮が進み、機能も低下している。そのため認知機能の低下も著しい。例えば、物忘れの程度がひどいと、人と交わした大事な約束を忘れたり、大切なものを失くしたりする。物事の判断能力が低下すると、長期的な視点が持てずに目先の利益に飛びつく（結果、大損をする）。その結果、自立した生活が送れなくなる。

3 健常者と認知症の「中間」の人々の存在

　認知機能にある程度の低下は見られるが、認知症の定義に当てはまらない、いわゆるグレーゾーンにいる高齢者を見かけることは少なくない。これらの人々の状況は、加齢によるのか、それとも認知症の前段階なのか、どちらなのであろうか。

　米国のロナウド・ピーターセン博士を中心とするメイヨー・クリニックのグループは、一般医に通う住民の追跡調査を行い、将来、アルツハイマー型認知症に移行する危険のあるこれらグレーゾーンについて、「軽度

図表2-2　軽度認知障害（MCI）の診断基準

1. 記憶障害の訴えがある
2. 日常生活活動は正常
3. 全般的な認知機能は正常
4. 年齢に比して記憶力が低下（標準化された記憶検査で平均より1.5SD以上下回る）
5. 認知症は認められない
6. CDRのスコアが0.5

(出所)　谷向知・朝田隆「軽度認知障害（MCI）」『老年精神医学雑誌』16巻3号、2005年、296-301頁より引用。一部改変。

認知障害」（Mild Cognitive Impairment；MCI）という概念を提唱した。彼らはMCIの診断基準として、記憶障害の訴えがあるが日常生活活動は正常、全般的な認知機能は正常だが、年齢と比較した記憶力が低下、認知症は認められずCDRのスコアは0.5、という6つの項目を示している（図表2-2）。

　最近は一般の方にも、「認知症は早期に発見した方が良いようだ」との認識が少しずつ広まり、自ら外来を受診する者が増加している。彼らの主訴は、「生活に支障があるわけではないが、最近物忘れがひどくなった気がする」というものが多い。図表2-2の定義にあてはまれば、MCIと診断される。中には、同伴した家族が日常生活について「以前と変わらない」と話し、実際のところ本人を検査しても何も異常がないことがある。このような状態を特に、主観的認知障害（Subjective Cognitive Impairment；SCI）ないし主観的記憶障害（Subjective Memory Impairment；SMI）と言う。

　このように認知機能の低下があったとしても軽く、自立した生活が営める場合には、定義に照らし合わせると認知症とは診断されない。通常、CDRは0.5である。

2　意思決定とは何か

1 意思決定の定義

　意思決定とは、医学的に普遍的な定義はないが、一般にはある物事に対する自分の意思がどのようであるかを決定する能力を言う。

　例えば、自分に対する治療方法を決める意思決定能力（医療同意能力とも言う）に関する研究では、能力を4つの要素に分類できるという考えが主流である（ポール・アップルバウムらの同意能力に関する4つの能力モデル）[3]。4つの要素とは、①理解（understanding）：与えられた情報を理解できる能力、②認識（appreciation）：与えられた情報に対する本人の考え、理解したことを自分自身の状況に現実的にあてはめて考えることができる能力、③論理的思考（reasoning）：与えられた情報や自分の希望を論理的な方法で処理できる能力、④選択の表明（expressing a choice）：自分で希望を周囲に伝えることができる能力、である。

　意思決定能力が著しく低下していると、本人の意思を正しく反映した結果としての意思決定を導き出すことが困難である。そのため、意思決定能力が低下している患者が意思決定しなければならない時には、患者自身の立場に立ち、患者ならばどのように判断するかを推測できる者が意思決定の代理をする場合がある。これを医療同意の代諾とも言う。

2 意思決定が問題となる場面

　私たちは日常生活の様々な場面で意思決定を行っている。例えば好物のAとBを目前にして、どちらを先に食べるか、老後の生活資金のために不動産を売却するかどうか、どちらも意思決定である。しかしながら、意思決定に基づき選択した行動の結果が自分の生活に及ぼす影響が大きいほど、意思決定能力が保たれていたかどうかが重要になってくる。

図表2-3　財産管理能力が問われる場面

銀行の利用	買い物 日常生活上必要な物品	日常生活を守るための 財産管理能力 ・日常生活に不可欠 ・自立した生活を守るために必要
	資産運用 高額または長期的な金融商品の契約	日常生活を豊かにするための 財産管理能力 ・必要ではない人もいる ・より積極的な財産の活用

（出所）　江口洋子「財産管理能力評価」『Dementia Japan』28巻4号、2014年より筆者作成。

❸ 金銭管理に関する意思決定能力の問題

　財産管理に関する意思決定は、財産管理能力（financial capacity）が保たれている上で行われるものである。財産管理能力研究の第一人者である米国のダニエル・マーソン博士は財産管理能力を「個人の価値や関心に基づくニーズを満たす手段として、金銭や資産を管理する能力」と定義している。

　実際には、財産管理能力は日常生活との関連から2つに大別して考えると理解しやすい。1つは自立した日常生活を送るために不可欠な能力であり、もう1つは日常生活に必須ではないが生活を豊かに送るための能力である（図表2-3）。

　では、財産管理能力とはどのようなものなのだろうか。上述した、医療同意能力に関する4つの能力モデルをあてはめてみると理解しやすい（図表2-4）。

　図表2-4の4つの能力（理解する力、認識する力、論理的に考える力、選択を表明する力）が正常であれば、財産管理能力は保たれていると考えられる。そのため、本人が表明した財産管理の意思決定が、たとえ周囲が

図表2-4　財産管理に伴う意思決定能力を形成する4つの能力

理解する力	銀行員やケアマネージャーなど他人から受けた説明の内容（銀行口座の利用法、成年後見制度などのサービス）を理解し、本人の言葉で説明できる。
認識する力	現在の自分の財産管理の状況を把握している、または説明された内容を他人事ではなく自分のこととして捉えている。
論理的に考える力	サービスのメリット、デメリットなど情報を比較検討した上で、何が自分にとって有益な選択か検討できる。
選択を表明する力	自分がどうしたいか意思が揺れずにはっきり表明できる。

(出所)　Appelbaum, P. S. and Grisso, T., "The MacArthur Treatment Competence Study. I: Mental Illness and Competence to Consent to Treatment," *Law and Human Behavior*, 19: 105-26, 1995の同意能力の4つの能力モデルを基に筆者作成。

最良と考えるものでないとしても、本人の意思は尊重されなければならない。ただし、一般的な意思決定とは乖離した奇異な判断が下されたと感じる場合には、不当に外的圧力を受けた状況や、本人の心身状態の悪さの影響があるかもしれないことを留意する必要がある。

4 成年後見制度について

　認知症が進行し、判断能力（法律用語では、事理弁識能力と言う）が不十分となっているが、財産行為を続けた末に、経済犯罪や不当契約などのトラブルに巻き込まれる認知症高齢者がいる。詳しくは第6章で紹介しているが、こうした人々の権利を守り、彼らを支援する制度が2000年に施行された新しい成年後見制度である。

　成年後見制度は、大きく分けると、法定後見制度と任意後見制度の2つがある。

　法定後見制度は、「後見」「保佐」「補助」に3分類され、金銭に関する意思決定能力の程度などの本人の事情に応じて制度を選べる。医師が提出する本人の診断書作成のための手引によると、図表2-5に示される者がこの3分類の対象となる。

図表2-5　法定後見制度の類型の概要

類　型	後　見	保　佐	補　助
事理弁識能力の程度	精神上の障害により事理を弁識する能力を欠く常況にある者	精神上の障害により事理を弁識する能力が著しく不十分である者	精神上の障害により事理を弁識する能力が不十分である者
条　文	民法7条	民法11条	民法15条1項
具体例	自己の財産を管理・処分できない程度に判断能力が欠けている者、すなわち日常的に必要な買い物も自分ではできず誰かに代わってやってもらう必要がある程度の者	判断能力が著しく不十分で、自己の財産を管理処分するには、常に援助が必要な程度の者、すなわち日常に必要な買い物程度は単独でできるが、不動産、自動車の売買や自宅の増改築、金銭の貸し借り等、重要な財産行為は自分ではできないという程度の判断能力の者	判断能力が不十分で、自己の財産を管理、処分するには援助が必要な場合があるという程度の者、すなわち重要な財産行為は、自分でできるかもしれないが、できるかどうか危惧があるため、本人の利益のためには誰かに代わってやってもらった方がよい程度の者

（出所）　最高裁判所事務総局家庭局「成年後見制度における診断書作成の手引」2011年を参考に筆者作成。

　他方、任意後見制度は、本人が十分な判断能力があるうちに、将来、判断能力が不十分な状態になった場合に備えて、予め自らが選んだ代理人（任意後見人）に、自分の生活、療養看護や財産管理に関する事務について代理権を与える契約（任意後見契約）を公証人の作成する公正証書で結んでおくというものである。任意後見制度の類型等の詳細については第6章を参照されたい。

　認知機能低下ないし認知症の発症と、財産管理能力、成年後見を含めた支援との関係について図表2-6に概略を示した。MCIの段階で財産管理能力の低下が始まり、軽度の認知症に差しかかるあたりで、段階的に成年後見制度の利用が始まるイメージである。

図表2-6 財産管理能力と支援

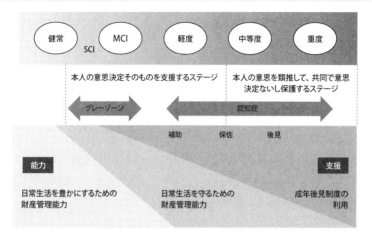

（出所）　江口洋子「財産管理能力評価」『Dementia Japan』28巻4号、2014年、457頁より筆者作成。

3　意思決定能力の評価

1 財産管理に関わる意思決定

　前節でも述べたが、財産管理に関わる意思決定には、財産管理能力が保たれた上での本人の判断である必要がある。そのため、本人の経済状況や嗜好、これまでの人生の歩みやこれからどのように生きたいか、などは個人それぞれに違いがある。そのため、意思決定も人によって様々であることを周囲の者は理解しておく必要がある。

2 財産管理能力の評価

　財産管理能力に関する評価手順としては、カナダ・オンタリオ州のキャパシティ・アセスメント・オフィス（Capacity Assessment Office）のガイドラインが日本においても参考になる（図表2-7）。

図表2-7　財産管理能力についての評価の手順

1. 能力評価が必要になった背景情報を集める
2. 自身の経済状況に関する理解を評価する
   財産、収入、支出、負債、扶養家族など
   （評価のポイント）
   - 実際の収入や支出とのずれがないか
     ・財産のおおよその見積もりが正しいか
     ・扶養家族について認識しているか
     ・どのような意思決定をしないといけないか分かっているか
   - 基本的な金銭管理スキルはどうか
3. 実際に必要になっている財産管理上の意思決定における能力を評価する
   （評価のポイント）
   - 財産管理能力に問題があることを認めているか
   - 誰かに助けを求めているか
   - 財産管理能力に最近変化が見られるか
   - 選択の一貫性はあるか
   - 選択にあたってリスクをきちんと理解しているか

(出所)　Capacity Assessment Office Ontario Ministry of the Attorney General, "Guidelines for Conducting Assessments of Capacity," 2005（https://www.attorneygeneral.jus.gov.on.ca/english/family/pgt/capacity/2005-06/guide-0505.pdf）より筆者作成。

　実際に財産管理能力を評価するのには、①財産管理そのものの能力を実際に検査する、②財産管理能力の程度を推測可能な認知機能で検査するという2つの手法がある。
　①の方法に関して、財産管理には、保有する財産、例えば不動産の売却や株の運用から、日常生活を過ごすための日々の買い物まで、様々な場面が想定される。
　それらの財産管理に関する行為を実際に観察して、周囲の者が以前と比べて同様にできているかどうかを評価する。しかし、病院を受診した患者に対して、この方法による評価を専門の医師や心理士が実施することは難しい。そのため、医師や心理士が問診を行うことで評価に代える。
　また、日常的な場面を検査に落とし込んだ財産管理能力アセスメント・ツール（Financial Competency Assessment Tool；FCAT）[4] が日本でも開発されている。この検査で評価する項目は基本的金銭スキル、金銭概念の理解、金融機関の利用方法、物品購入行動、金銭的判断、収支の把握などに

図表2-8　財産管理能力アセスメント・ツール（FCAT）

①基本的金銭スキル（満点9点） 　小銭、札を見せて、いくらかを問う 　お金の勘定、日常生活に関する計算問題
②金銭概念の理解（満点5点） 　金銭に関する単語の意味を問う（借金、銀行、年金）
③金融機関の利用方法（満点4点） 　銀行窓口で通帳からお金を引き出すシミュレーション 　ATMからお金を引き出すシミュレーション
④物品購入行動（満点4点） 　スーパーで日常生活品の買い物をする
⑤金銭的判断（満点10点） 　いろいろな金銭を取り扱う場面を想定し、適切な応対ができるかどうかをみる 　（物を買い替える時の基準、ローンの組み方、借金の申し出があった時、無料で物品配布された時、訪問販売）
⑥収支の把握（満点5点） 　日常生活での収支の把握ができているかどうかを問う

(注)　写真は、筆者撮影。
(出所)　櫻庭幸恵・熊沢佳子・松田修「Financial Competency Assessment Tool（FCAT）の作成と検討——信頼性と妥当性の検討」『東京学芸大学紀要第一部門教育科学』55巻、2004年、131-9頁より筆者作成。

ついてである（図表2-8）。財産管理に関する日常生活上で生じる行為を受診した病院内で行いうる検査として画期的であるが、日常生活を守るための基本的な財産管理能力の評価を主に行う内容となっており、日常生活を豊かにするための財産管理能力の評価の項目は少ない。

　②の方法に関しては、財産管理との関連がある認知機能について、評価を行うことにより、財産管理能力の程度を推測する方法である。詳しくは次項で述べる。

3 財産管理と関連する認知機能

　認知機能低下が明らかに財産管理能力に影響しているようであれば、認知機能検査を実施することにより、財産管理能力の程度を推測できる。

　米国で開発された財産管理能力の検査（Financial Capacity Instrument；FCI）の結果を予測する認知機能は、健常高齢者、MCI、アルツハイマー

型認知症患者では、いずれも計算能力であったという報告[5]や、MCIでは脳の前頭葉が関わる注意や実行機能により予測できるという報告がある[6]。これまでの研究からは、病状の進行に伴い、財産管理能力を予測する認知機能が異なることに注意を払わなければならない。

現在のところ、研究は欧米を中心に行われており、日本での研究は十分ではない。欧米での研究には、法律の専門家が関与している場合が多い。財産管理能力の有無に関して、しばしば法廷で争われるからである。日常生活を豊かにするための財産管理能力は、もともとの個人差があることから、今後は経済リテラシーの問題を論じられる経済の専門家の関与も求められるであろう。

4　遠隔評価システム

1 遠隔医療総論

日本では、1970年代から遠隔医療の取り組みが始まったが、1990年代に本格化し、1996年には、厚生省（当時）に遠隔医療研究班（班長：開原成允・東京大学教授（当時））が組織された。当時は画像伝送を中心とした取り組みが多かったことから、研究班では「遠隔医療とは、映像を含む患者情報の伝送に基づいて遠隔地から診断、指示などの医療行為及び医療に関連した行為を行うこと」と定義していた。

その後、2005年には日本遠隔医療学会が発足し、上記定義の見直しが行われた。その結果、日本遠隔医療学会は2006年7月に「遠隔医療（Telemedicine and Telecare）とは、通信技術を活用した健康増進、医療、介護に資する行為を言う」と再定義した。さらに、2011年3月に公表した「在宅患者への遠隔診療実施指針」（2011年度版）では、「通信技術を活用して離れた2地点間で行われる医療活動全体を意味する」とした[7]。

2 遠隔による認知機能評価

近年では、ビデオ会議システムを用いた遠隔での認知機能評価が注目されてきている。遠隔で認知機能の評価を行うことができれば、十分な訓練を積んだ検査者が近隣にいなくても、遠隔地から評価を行うことで高精度の評価が安定供給できる。このため米国食品医薬品局や欧州医薬品庁では遠隔で行う評価を推進しており、海外では精神科領域の治験でこういった中央評価が用いられるようになってきている。さらに一般の精神科診療においてもビデオ会議システムを用いた遠隔医療が保険診療として認められるようになってきている。

当然ながら日本でもこういった技術を用いることで、高齢社会に伴う種々の課題や医師の都市偏在など日本の医療制度に関する多くの問題の解決が期待される。慶應義塾大学医学部精神・神経科学教室の岸本泰士郎講師のグループは、認知症のスクリーニング検査の1つであるHDS-Rの対面診療と遠隔診療の信頼性を比較し、両者には非常に高い一致度が得られること、ビデオ会議システムによる遠隔認知機能評価は対面で行うものとほぼ同等であることを2016年に報告している[8]。

3 財産管理に関する遠隔評価と機械学習

これまで述べてきた通り、個人の置かれている経済的状況は様々であり、また求められる財産管理能力の程度は図表2-9のように判断の複雑さ（例えば金融商品の複雑さなどにも置き換えられる）により異なることから、実際の財産管理能力評価は非常に難しい。

そのために専門家による評価が必要になるが、そのような専門家の数は十分ではない。しかしながら、最新の通信技術を利用してテレビ会議システムなどで個人と専門家をつなぐことにより、専門家の不足は解決できる。またそれだけでなく、個人への感情や個人に対する思惑などが排除され、能力評価のバイアスが最小に抑えられる利点がある。

また、このような各々の状況や判断の複雑さなどによる評価の困難さ

図表2-9　判断の複雑さと意思決定能力

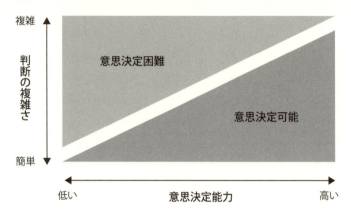

(出所)　成本迅「精神障害者の経済活動に関する能力評価とその支援について」『精神神経学雑誌』特別号、S431、2016年より筆者作成。

は、近年の発展著しい人工知能・機械学習によって解決できる可能性もある。慶應義塾大学医学部精神・神経科学教室が参画している国家プロジェクト「革新的イノベーション創出プログラム（COI STREAM）」でも、現在精力的に取り組んでいる課題である。

5　現場での評価の提案と今後の課題

　証券取引や銀行、郵便局などの窓口現場では、これまで述べてきた認知機能の低下している可能性のある高齢者顧客が多数訪れてくると思われる。これらの顧客に対して、認知機能低下の程度や意思決定能力・財産管理能力の程度を推測していくノウハウが求められる。
　対応した店員や行員が意思能力を判断し、多少とも問題を感じるようであれば、例えば金融商品は当日契約せず時間をおく（考慮する時間を与える）、上長が電話で別個に意思を確認して契約能力を判断する（複数の者

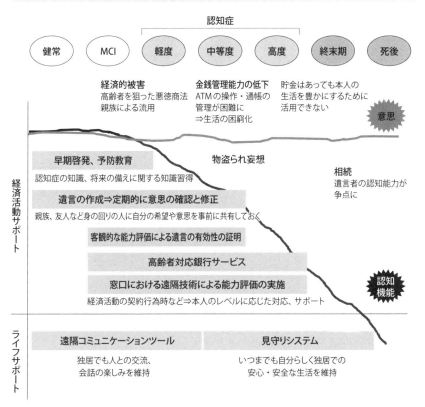

図表2-10　高齢者の人生経過図

(出所)　加藤佑佳氏（京都府立医科大学）提供。

が本人の能力について判断する）、あるいは家族の同席のもと本人の意思を確認する（第三者の立会いにより、本人の意思について確認する）といったことはこれまでも実施されてきた。

　今後はさらに、金融商品の複雑さや本人の金融リテラシーに照らし合わせた店員・行員向け意思能力判定及び記録マニュアルを整備しておくことが望ましい。また、窓口現場のやりとりのビデオ記録を残しておき、後に意思能力が問題となった場合に証明できる質問を入れておいたり、専門家の評価を受けられる体制作りをしておくといった対応も有用であろう。

また、高齢者の認知機能に対する加齢の影響は一様でない。それと同時に、意思決定能力・財産管理能力の程度も一様ではない。非常に高い能力を保持していることを予め証明できれば、高齢になったとしても従来と同様、金融商品の契約をスムーズに行えるように便宜を図ることが可能になるであろう。

　本章では、高齢者の意思決定と財産管理能力について、医学的観点、特に認知機能低下との関連から概説した。MCIから認知症のステージングが上がっていくにつれ、意思決定と財産管理能力の低下が顕在化してくる。人生の後半期において、最近は様々なライフサポートのシステムの重要性が指摘されているが、経済活動サポートについてもその重要性は高いと言える（図表2-10）。今後は経済活動サポートについてもさらに注目されていくべきであろう。

（三村　將）

[注]
1) 佐藤眞一・髙山緑・増本康平『老いのこころ――加齢と成熟の発達心理学』有斐閣アルマ、2014年。
2) Baltes, P. B. and Lindenberger, U., "Emergence of a Powerful Connection Between Sensory and Cognitive Functions Across the Adult Life Apan: A New Window to the Study of Cognitive Aging?" *Psychology and Aging*, 12(1): 2-21, 1997.
3) Appelbaum, P. S. and Grisso, T., "The MacArthur Treatment Competence Study. I: Mental Illness and Competence to Consent to Treatment," *Law and Human Behavior*, 19(2): 105-26, 1995.
4) 櫻庭幸恵・熊沢佳子・松田修「Financial Competency Assessment Tool（FCAT）の作成と検討――信頼性と妥当性の検討」『東京学芸大学紀要第一部門教育科学』55巻、2004年、131-9頁。
5) Sherod, M. G. et al., "Neurocognitive Predictors of Financial Capacity Across the Dementia Spectrum: Normal Aging, Mild Cognitive Impairment, and Alzheimer's Disease," *Journal of the International Neuropsychological Society*, 15(2): 258-67, 2009.
6) Okonkwo, O. C. et al., "Cognitive Correlates of Financial Abilities in Mild Cognitive Impairment," *Journal of the American Geriatrics Society*, 54(11): 1745-50, 2006.
7) 日本遠隔医療学会「図説・日本の遠隔医療　2013」(http://jtta.umin.jp/pdf/telemedicine/telemedicine_in_japan_20131015-2_jp.pdf)。
8) 岸本泰士郎・江口洋子・飯干紀代子・北沢桃子・船木桂・成本迅・三村將「高齢者に対するビデオ会議システムを用いた改訂長谷川式簡易知能評価スケールの信頼性試験」『日本遠隔医療学会雑誌』12巻2号、2016年、145-8頁。

第3章

社会システムの変革で
人口減少時代に挑む

——ウェルビーイング・プラットフォームの構築

1 求められる社会システムの変革

1 少子高齢化、経済成長の鈍化、人口減少という逆境

　日本は医療・福祉を含む社会システムにおいて、大きな転換点を迎えている。かつて高度経済成長をもたらした、「多数の労働人口で少数の高齢層を支える」人口構成を前提とした社会保障制度を基礎に、世界トップランクに位置する長寿国となった（図表3-1）。しかし今後、世界でも経験のないスピードで高齢化が進み、さらに人口減少と産業成長の鈍化に伴い、社会システム自体が、従来の枠組みの延長線上でのマイナーチェンジだけでは、成立が難しくなってくるだろう。

　こうした課題への挑戦は、単にネガティブな側面ばかりではない。例えば「団塊の世代」が医療・福祉を必要とする超高齢社会の初期段階においては、公的・私的を問わず多くの資金が医療福祉分野に投入されるため、雇用の創出、人々の暮らしを支える技術やシステムのイノベーションなど、次世代の日本を支える新しい活力を生む可能性がある。

2 保健医療2035という改革視点

　ただし、医療・福祉のニーズが急激に高まる当面の間に無計画に資源を浪費してしまっては、その先の見通しは厳しいものになるだろう。10年後の医療・福祉の需要拡大のみを想定した制度設計では、その次の10年で将来世代が高齢層の社会保障負担に押しつぶされることになってしまう可能性すらある。

　単に数年先だけを見越した改革ではなく、20年後、30年後も乗り越えられる政策を見いだすことが必要とされる。日本の医療や社会保障制度の長所を継承しつつ、変化を続ける人口構造の中でいかに新しい社会システムを新生させられるかということであり、今まさに覚悟に基づく改革が不可欠となっている。

図表3-1 1990年と2035年の人口ピラミッド

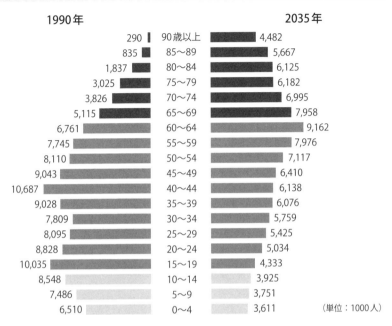

(出所) 1990年は総務省「国勢調査」及び「人口推計」、2035年は国立社会保障・人口問題研究所「日本の将来推計人口（2013年1月推計）：出生中位・死亡中位推計」。

　上記の背景を踏まえ、2015年6月、塩崎恭久厚労相の私的諮問機関「保健医療2035」策定懇談会（座長＝東大・渋谷健司氏）から提案されたのが、目下の課題解決策と「2035年」に象徴される長期ビジョンを包含した「保健医療2035提言書」である（図表3-2）。

　同提言書はウェブサイトで一般公開され[1]、サマリーは世界的に有名な海外医学学術誌に寄稿された[2]。また同年8月には厚生労働省全体を巻き込む形で推進本部が設置され、2016年においても提言内容の具現化に向けた様々な懇談会が設置され、改革が行われている。

3 ICTを活用した社会システムの変革により世界をリードする

　本章でのもう1つの軸が情報コミュニケーション技術（ICT）である。こ

図表3-2　20年後の保険医療システムを構築する3つのビジョンとアクション

目標	人々が世界最高水準の健康、医療を享受でき、安心、満足、納得を得ることができる持続可能な保健医療システムを構築し、我が国及び世界の繁栄に貢献する。
基本理念	公平・公正（フェアネス）　　自律に基づく連帯　　日本と世界の繁栄と共生

2035年に達成すべき3つのビジョンとアクション

1 リーンヘルスケア 保健医療の価値を高める	2 ライフデザイン 主体的選択を社会で支える	3 グローバルヘルスリーダー 日本が世界の保健医療を牽引する
●患者にとっての価値を考慮した新たな報酬体系 ●現場主導による医療の質の向上支援（過剰医療や医療事故の防止など） ●「ゲートオープナー」としてのかかりつけ医の育成・全地域への配置	●「たばこフリー」オリンピックの実現 ●効果が実証されている予防（禁煙、ワクチンなど）の積極的推進、特に、重症化予防の徹底による医療費削減 ●健康の社会的決定要因を考慮したコミュニティやまちづくり	●健康危機管理体制の確立（健康危機管理・疾病対策センターの創設） ●ユニバーサル・ヘルス・カバレッジや医薬品等承認などのシステム構築の支援 ●グローバル・ヘルスを担う人材の育成体制の整備

（出所）　厚生労働省「保健医療2035提言書」2015年（参考資料）より筆者作成。

　の分野においては2016年では、IoT（Internet of Things）やAI（Artificial Intelligence）など流行の概念が生み出されているが、ICTに注目が集まること自体は最近に限ったことではない。ICTは数十年前から、インターネット、情報革命、情報爆発、ビッグデータなど言葉を変えながら、社会変革の大きな渦を形成してきた分野である。これは農業革命、産業革命に続く、人類史における第3の革命であるなど様々な形容がなされて久しい。

　おそらく自動翻訳機能の本格的実用化などが、民主主義や文化を大きく変えるコミュニケーション革命の最終局面になると思われるが、医療福祉分野においては2017年現在においてすでに大きな変革が始まっている。当然、日本も人口減少社会に挑むための新たな社会システムを設計するにあたり、ICTを活用することは不可欠の事項になる。

　医療におけるICTの活用では、規格の統一や情報の一元管理など、北欧

を中心とした小規模な国家が先行しており、日本は後手に回っているという点は否めない。しかしながら、日本は健康長寿の実現やインフラ整備など、公共的価値を有する多くの領域において、すでに世界最高レベルの品質を実現しており、この価値をさらに高めることができればグローバルにも大きな価値がある。

　また今後、先進国やアジア諸国も日本と同様の人口減少、少子高齢化、経済成長の鈍化、という問題に直面することが予想される。したがって多くの国々は日本の動向に大きな関心を寄せており、ICTを活用した新たな社会システムにより日本が世界に先駆けて解決策を示し、世界をリードする役割が期待されている。

2　人間を中心にして、開かれたICT基盤を構築する

1　企業や施設が情報を囲い込むのではなく、個人を軸に情報を活用する

　患者・国民の保健医療データは、医療機関（カルテ等）、薬局（調剤録）、自治体（予防接種記録・健診等）や医療保険者（レセプト・特定健診等）でそれぞれ保有されている。患者・国民に最適な保健医療サービスを提供し、患者・国民の側も主体的に健康づくりに取り組むためには、保健医療専門職が、患者・国民の既往歴・服薬歴、健診結果、生活記録（ライフログ）など、保健医療サービスを行うための情報が必要である。しかしながら、現在分散している保健医療情報を、引き続き各機関の管理・共有や、患者・国民による自主的な管理に委ねながら、1人1人の一生涯を通じた保健医療情報を把握するには限界がある。

　こうした中、患者・国民の保健医療データの在りかも、患者・国民を中心に据えられてくることが必然となる。1人1人の一生涯にわたる保健医療データが整理・統合され、保健医療専門職や行政・医療保険者に共有さ

れると共に、個人もそれを参照し、自らの健康管理に役立てていくことが不可欠になると考えられる。いわば、これまでの個々の施設主導の囲い込み型の保健医療データから、患者・国民1人1人を中心とし、保健医療専門職や行政・医療保険者に共有される保健医療データへの転換を図るものである。

　具体的には、患者・国民の基本情報（性・年齢等）の他、疾病への罹患情報や処置・検査・処方情報、アレルギー情報、健診情報など保健医療に関する基本的な情報が、個々人の年齢などの時間軸に沿った形で記録されれば、これを保健医療専門職が参照し、その人の診断や治療に役立てることができる。また保健医療は日常の暮らしや生活習慣の延長であり、患者・国民の生活に根差した形で、ウェアラブル端末やIoTを活用したライフログ情報なども格納されると、さらに有用性が高まっていくと考えられる。

2 個人中心の開かれた情報基盤「ピープル」（PeOPLe）

　このような背景の中、厚生労働省に設置された「保健医療分野におけるICT活用推進懇談会」においては、個々人の保健医療データが保健医療専門職に共有され、個人自らも健康管理に役立てられるように全ての患者・国民が参加できるインフラ整備を提言した[3]。これは患者・国民を中心に保健医療情報をどこでも活用できる開かれた情報基盤（Person-centered Open PLatform for wellbeing）、通称ピープル（PeOPLe）と仮称されるものである（図表3-3）。

　こうした仕組みは、普段の暮らしの中での地域医療・介護の情報連携はもちろんのこと、救急搬送時や災害時等にかかりつけ医と異なる医療機関を受診した場合や、本人の意識がない時の保健医療データの共有に効果を発揮する。とりわけ、今後、日本では高齢者の急増など、自身では保健医療情報の管理が難しい者が増えてくる中、保健医療情報を共有するインフラが確実に必要となる。以下では、同懇談会の報告書に基づいた内容を中心に、取り組みの現状を紹介する。

図表3-3 ピープル（PeOPLe）のイメージ図

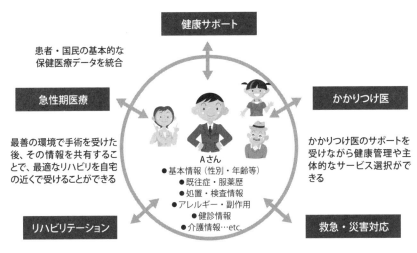

(出所) 厚生労働省「ICTを活用した『次世代保険医療システム』の構築に向けて」（保健医療分野におけるICT活用推進懇談会　提言）、2016年より筆者作成。

　人が健やかな生活を送り、病気から立ち直り、日常生活に復帰するには、保健医療専門職をはじめ、様々なサポートが必要である。誰もが加齢による心身機能の低下や、予期せぬ救急医療・災害と隣り合わせであることを考え合わせれば、誰もが、等しく最適な保健医療サービスや必要なサポートを受けるために、1人1人について、ライフステージに沿って基本的な保健医療データが整理される情報基盤が必要となる。

　そして、情報基盤の整備に際しては、ネットワークを通じて、必要に応じて保健医療専門職が共有できるなど、患者・国民を中心に情報をどこでも活用できる開かれたものにしていくことを目指すべきである。なお、保健医療データの蓄積・利活用に際しては、患者・国民本人のデータであることが担保されることが不可欠となる。患者・国民本人及び参照する保健

医療専門職の認証を適切に行うと共に、医療等IDなどで個々人の保健医療データを安全かつ確実につなげる仕組みを整備すべきである。

3 情報をつなげて、「ひらく」

　PeOPLeというインフラを整備することにより、保健医療データが一生涯にわたって「タテ串」で統合され、疾病にかかる前の健康な状態から疾病に至るまでの追跡が可能となる。また、これが多数の患者・国民に「ヨコ展開」され、膨大な保健医療データの把握・分析が可能となれば、疾病や副作用の発生メカニズムや、疾病と介護状態への連関メカニズムなど、様々な分析・研究へつなげていくことができるだろう。

　現在、目的別に個々にデータベースが構築され、1人1人のデータが別々に格納されているが、将来的には、PeOPLeという情報基盤の中で「どのデータベースに誰のデータがあるか」が整理されれば、各データベースに格納された個々人のデータにアクセスし、これを収集できるような仕組みとしていくことができる。

　これにより、研究機関、行政・医療保険者、民間企業は、情報漏洩が起こらないように管理された安全な環境下で、年齢別・地域別・疾患別といった様々な切り口で、その都度、目的別に匿名化された分析基盤にアクセスすることができるようになるだろう（図表3-4）。

　例えば、治療の予後を把握・分析するため個々人の死亡情報や、保健医療データのみならず、地理空間情報や気候データなどの大規模データも接続していくことが実現すれば、疾病の因果関係の解明や社会資源の適正配分の検討に向けて、より多角的な分析が可能になることが期待できる。研究機関、行政・医療保険者、民間企業は、PeOPLeを基盤にして構築されたデータセットをもとに、保健医療の質の向上、医療資源の最適な配分、医薬品の安全対策、疾患の原因究明、革新的創薬に向けた解決策を探っていくことができる。また、様々な健康関連サービスの創出も期待される。関係者によるデータ利活用には、最新のAI技術を積極的に取り入れ、より高度なデータ利活用を図っていくことも期待される。

図表3-4 データ活用プラットフォーム（仮称）のイメージ図

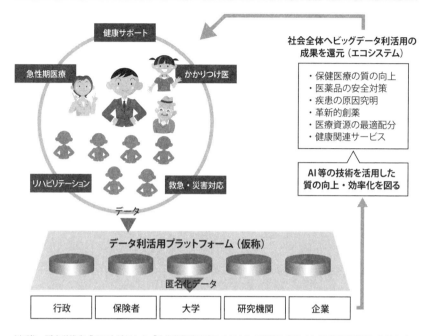

（出所）厚生労働省「ICTを活用した『次世代保険医療システム』の構築に向けて」（保健医療分野におけるICT活用推進懇談会　提言）、2016年より筆者作成。

4 プロフェッショナリズムの新しい時代

　保健医療の現場は、定期的に更新される様々な診療分野のガイドラインや、日々更新される臨床研究の結果などを継続的に把握することで、最善の診断・治療・サービスを提供しようとしてきた。とはいえ、様々な分野で、個々の保健医療専門職が、今日の最新の知見を自らのものとし続けることは、容易ではない。

　そこで、図表3-5に示すように、こうしたガイドラインや臨床研究の結果等に基づいた治療のアルゴリズム（方法・手順）を、診療支援のシステムとして現場で使えるようにすることができれば、現場の保健医療専門職は、最新情報への更新を診療支援のシステム及びその背景にあるクラウド

図表3-5 次世代型ヘルスケアマネジメントシステム（仮称）のイメージ

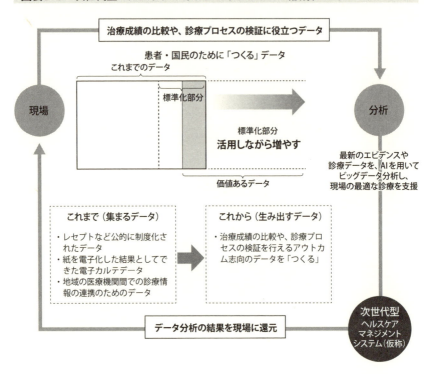

(出所) 厚生労働省「ICTを活用した『次世代保険医療システム』の構築に向けて」（保健医療分野におけるICT活用推進懇談会 提言）、2016年より筆者作成。

環境等に委ねて、自身は、患者・国民に対する、よりきめ細かいサポートや、自らのサービスの質向上のための課題の把握・改善へと意識を向けることが可能となる[4]。

現時点では、こうした治療のアルゴリズムは機械的に得られるものではなく、保健医療分野の専門家が連携して、診療科などの専門分野ごとに確立する必要がある。しかしながら一度システムとして確立すれば、この利点を多くの保健医療現場と共有することが可能となる。今後、大きく増大する保健医療サービスの需要を、保健医療の現場で支えていくことが求められるようになる。

この時、現場1人の保健医療専門職の判断を、プロフェッショナルが連携した「オールジャパン体制」で支えていくことができれば、現場の生産性を飛躍的に高めていくことが可能となる。さらに、このような診療支援システムの構築により、保健医療サービスそのものを支援しながら、保健医療の質の向上につながるデータを、体系的にビッグデータとして集積することが可能となる。そして、ビッグデータの分析により、一般的な治療指針として組み込まれたアルゴリズムを、個々人の心身の状況に対する最善の治療方針として活用することが可能となる。

3　ウェルビーイング・プラットフォーム (Wellbeing Platform) により実現する将来像

1 世界に誇るプロフェッショナルの価値をさらに高める

　今後AIの活用により、目の前の患者の年齢や、病気の状態像（進行がんなのかそうでないのか、糖尿病が合併しているのかいないのか）などの状況を勘案した上で、その施設における最善の判断を提供することが可能となるであろう。また臨床現場と連携したビッグデータの分析を最新のAI技術と融合させることで、さらにその質を高めていくことが期待される。
　さらに、このようなシステムがモバイル端末・ウェアラブル端末やセンサー技術と結びつけば、1人1人の暮らしの中での心身の状況やその不調の兆候を把握すると共に、それに対する保健医療サービスの一連の過程を体系的にデータとして把握し、その内容を把握・検証していくことが可能になる。こうして患者の兆候を察知することで、診療からつながる、速やかな痛みの軽減や適切な服薬状況の管理、日常の見守りやサポートなど、保健医療の多職種によるサービスにも応用可能である。
　また、こうしたビッグデータの分析をAIと組み合わせて現場の保健医療に還元し、1人1人の状況に対する保健医療サービスの最適な意思決定を支援する「ヘルスケアマネジメントシステム」としていくことが可能にな

図表3-6　1人1人に寄り添った保健医療

本提言で実現していく患者・国民にとっての価値

ビッグデータ活用や AI による分析

現在、診断や治療が難しい疾患でも、個人の症状や体質に応じた、迅速・正確な検査・診断、治療が受けられる。

ICT を活用した遠隔診療や見守り

専門の医師がいない地域の患者や、生活の中で孤立しがちなお年寄りでも、専門医療や生活支援が受けられる。

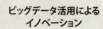

地域や全国の健康・医療・介護情報ネットワーク

どこでも誰でも、自身の健康・医療・介護情報が医師などに安全に共有され、かかりつけ医と連携しながら切れ目ない診療やケアが受けられる。検査や薬の重複も避けられ、負担も軽減される。

ビッグデータ活用によるイノベーション

疾患に苦しむ様々な患者に、最適な治療や新たな薬が届けられる。魅力的な健康づくりサービスが生まれ、自身に合ったサポートが受けられる。

（出所）厚生労働省「ICTを活用した『次世代保険医療システム』の構築に向けて」（保健医療分野におけるICT活用推進懇談会　提言）、2016年より筆者作成。

れば、1人1人に寄り添った日本型の「個別化医療」を実現していくための中核的な基盤とすることができるだろう（図表3-6）。

　ただし、保健医療は常に大小の不確実性を伴うため、1人1人の日常の暮らし、そして生死に関わる重大な判断を行わなければならない。このため、こうした基盤が整う中でも、保健医療専門職のプロフェッショナルとしての役割が引き続き必要とされることは確実である。ビッグデータ分析に基づいてAIの判断を調整し、AIを活用する環境を創出することや、何よりAIが取り扱うことができない1人1人の人間性と不可分の価値判断を行うことは、保健医療の中では不可欠なものとなる。

　「ヘルスケアマネジメントシステム」では、こうした保健医療専門職とAIとの連携が、患者・国民の豊かな暮らしを支える基盤となっていくことが期待される。

近未来コラム 1 　20XX年、若手医師の話

　医師になってまだまだ経験が浅いのですが、ある町の医療を担当することになりました。都市部でもないので、診療所が中心で、大きな病院はありません。専門医もいない中、日々の診療で求められる知見は、とても多岐にわたります。私も、専門領域ごとにガイドラインなどを勉強していますが、日々の診療に追われる中で、こうした医療のエビデンスはどんどん更新されていきます。英語論文や海外での学会報告などに追いつくのは難しいのが現状です。

　また、この地域では、高齢化で複数疾患を抱える高齢者が増えています。特定の専門分野に限らず、1人1人の心身の状態を総合的に診ていく「全人的」な医療が求められます。合併症などを抱え、さらに身体機能が弱っていく高齢者など、複合的な要因を抱える患者に対しては、各診療科のガイドラインなどを見ても、ベストな解が見つかりません。こういう時は、実際に患者さんを診てきた医師の経験、いわゆる「経験知」というものがモノをいうのですが、周囲に相談できる医師もいません。

　そうした中、この診療所にもようやく「ヘルスケアマネジメントシステム」が導入されました。このシステムには、海外の最新の科学的根拠や、「どのような患者にどんな医療を行ったのか」という医師の判断の積み重ね、先ほどの「経験知」がビッグデータとして組み込まれています。

　患者さんの心身の状況などをデータで入力すると、システムから同じ傾向の患者への治療、検討すべきサポートなどの情報が提供されます。ビッグデータを最新のAI技術を使って分析して、こういったことが行われるようです。

　このシステムは、カーナビシステムのようなものと言っても良いかもしれません。状況に応じつつ、目的地までの道のりや気をつけるべき事項を示してくれますが、自分がもっと快適な「早道」や、静かで落ち着く「回り道」を知っていれば、そこを通ることだってあります。システムを使いながら

も、自分の知見や経験から得意とする分野や、患者さんの意向に合わせながら、時には「早道」や「回り道」をしながら、1人1人に合った最善の診療を行うことだってできるのです。

　1人の医師が全てを抱え込むことなく、専門医チームや経験豊富な医師が、オールジャパンで支援するシステムとも言え、とても心強いです。国によって医療の仕組みも違いますが、人を診るという意味では同じです。こうしたシステムを海外に展開していけば、大きな国際貢献になるのではないでしょうか。

2 魅力的な生き方を追求する中で自然と健康になることができる

　保健医療は、国民が健康で安心して暮らせる社会に不可欠のサービスであり、技術が高度化し、人々の価値観が変化した時代にあっても、その果たすべき役割や実現すべき基本理念は変わらない。「患者1人1人が、疾病やケガの状態、自身の体質や既往歴などの心身の状態、そして暮らしや価値観などを含め、個々人の状況に応じて、最も適切な保健医療サービスが受けられる」ということや、「患者が、保健医療専門職が最新・十分な情報のもとで協働しつつ専門性を発揮する中で、必要な時に最適な医療・ケアを受けることができる」という価値は今後も重要であり続ける。

　一方で、今後は「国民が、身近な環境で、心身の状態や生活習慣などに応じて、保健医療専門職から多様で適切なサポートを受けることができる」ということや、「国民1人1人が、病気になる前から、健康づくりに主体的に関わり、それぞれが魅力的な生き方を追求する中で、生涯にわたって健康に生活することができる」ということがさらに重要な要素となっていく。

　医療においては意思決定支援により、治療の選択肢に対する患者の理解は改善し、情報不足や価値不明瞭による葛藤は減少する。また意思決定支援は患者が治療決定において積極的な役割を果たし、適切にリスクを認識する上でも有効であることが示唆されている[5]。また、まだ実証研究は少

図表3-7　ウェルビーイング・プラットフォームのイメージ

日々の生活の充実	地域生活のサポート	高度な医療・ケアの提供
魅力的な生き方を追求する中で、自然と健康になることができる。	身近な環境で科学的根拠に基づいた、適切なサポートを受けることができる。	組織間の連携により、世界最高の診断・治療・介護を提供する。
格差や病気があっても、それを人生の障害と意識することがない。	難しい判断が生じた場合、高度な対応が必要とされる場合に迅速に最善の組織に連携。	Global evidenceとlocal real world dataを組み合わせて、目の前の個人に最適の治療や介護を行う。

（出所）　筆者作成。

ないが、ICTを活用した情報の共有は患者の意思決定支援として有効である可能性が高いことも示唆されている[6]。

　これらが実現すれば、医療者だけでなく、患者・国民の主体的な参画により、良い医療を協働で実現することが可能となると考えられる。これまでの医療においては、「病気を治す」ことと「病気にならない」ことに多くの関心が払われてきたが、今後はより良く生きる、「ウェルビーイング」（wellbeing）ということも含め、より広範な価値を対象にしてサービスを提供することが重要になる。

　保健医療は、人々の様々な生き方に対応し、国民が健やかに暮らし、病気やケガの際には最適な治療を受けられ、生き生きと活躍し続けることができるウェルビーイングが可能な社会を創るものであり、ICTの活用も、これらの価値の実現に資することを第1に考える必要がある。ICTを活用し、ウェルビーイングという価値を実現するのが、本章で提示するウェルビーイング・プラットフォーム（Wellbeing Platform）である（図表3-7）。

近未来コラム 2 >>> 20XX 年、糖尿病患者の話

　私は糖尿病を発症し、保健師や主治医の先生のお世話になっています。私の保健医療データは、PeOPLeのシステムに入っており、保健師・主治医が、食事療法をするか、インスリン注射か、透析かといったことを、遠隔地の専門の先生と連携をしながら決めていってくれました。また、保健医療データは薬剤師にも共有されていて、適切な服薬指導をしてくれます。
　みなさんの所属は、自治体・診療所・薬局と異なるのですが、私を中心に、切れ目のないサービスをしてくれます。主治医の先生は、専門医と常に連携して、私の体の状況を見ながら、治療が必要となるタイミングの判断を相談してくれているみたいです。
　一方で、私自身も健康改善にも取り組まなければなりません。PeOPLeの情報の一部を民間のサービス会社に提供することに同意して、私のスマートフォンにその会社のアプリを入れることで、必要な健康改善の取り組みを提案してくれるようになりました。
　例えば、食事療法や運動など、私の忙しい時期・ヒマな時期に応じて、最適なプランを提案してくれます。一律の基準・提案でなく、私のライフスタイルや、その日その日の体調に応じ、最善の行動プランを提示してくれるので取り組みやすくなっており、このアプリなら、私でも楽しく健康改善の取り組みができそうです。

近未来コラム 3 >>> 20XX 年、ヘルスケア関連企業担当者の話

　糖尿病が重症化した方を見つけ、これ以上重症化しないよう、自治体の担当者が保健指導を行う取り組みは以前からありました。難しいのは、健康な人に「糖尿病にならないよう、予防する」取り組みを行ってもらうことです。

健康意識が高い人が増えてきましたが、こういった取り組みは行政にはなかなか難しいです。というのは、個人のスタイルは様々で、一律だったり、個人のライフスタイルに合わない指導は、なかなか続かないからです。「運動はしたくない、食事の改善で頑張る」という人もいます。また、人によっては、その適度な組み合わせが良かったり、「今月は仕事が忙しいが、来月は集中してやる」というような時間軸の組み合わせでうまくいく人もいます。

　いずれにしても、個々人が楽しめるメニューを提案することを心がけています。このように個々人の需要をキャッチしたライフスタイルのサポートでは、私たち民間企業の参入は大きな価値をもたらすと考えています。

　「病気にならない」という価値観はもちろん大事です。しかし「魅力的な生き方を追求する中で自然と健康が保たれる」ことの方が、多くの人の支持を得られるのではないでしょうか。

3 現状の価値の最大化だけでなく、将来世代を見通した持続可能な社会

　これまでは、患者・国民にとって現状における価値の最大化という視点からの医療サービスがクローズアップされてきた。しかし、現実の世界に目を転ずれば、全ての人の身近な環境で、最高の質の医療を、それも少ない負担で実現するのは困難になりつつある。たとえそれが現状成立していたとしても、多くは医療現場の極めて高い労働負荷や、国債という将来世代の負担によって維持されているのが実態である。

　例えば、多くの高難度手技において、安定した治療成績を収めるためには一定量の経験が必要とされることが国内外において広く示されている（年間症例数が多ければ多いほど治療成績が良いことを保証するわけではないことに注意が必要である）[7]。この時、「身近に高度医療を行う診療科があると安心」という住民のニーズを汲み、需要が見込めない地域に高度医療を行う診療科を設立したとする。初期段階は熟練の医師により安定し

図表3-8　過疎化率とOE比平均

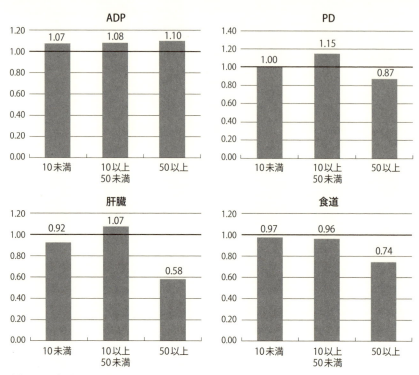

(注)　1. 過疎化率を10未満、10以上50未満、50以上に区分。
　　　2. ADP：急性汎発性腹膜炎手術、PD：膵頭十二指腸切除手術、肝臓：外側区域を除く区域以上肝切除術、食道：食道切除再建術。
　　　3. 過疎化率区分は値が大きいほど過疎化が進んでいる。
　　　4. OE比は、術後の実際の死亡率を予測死亡率平均で除した値。
(出所)　ナショナル・クリニカル・データベース。

た成績が収められても、その地域に配属された若手は十分な経験を積むことができず、診療科としての成績は不安定になる。その結果、次世代の住民の、死亡・合併症発生率が大幅に膨れ上がり、さらに不採算の診療科として閉科を迫られることにもなりかねない。

　図表3-8は、専門医制度と連携した全国の病院4500カ所の症例データが登録されているナショナル・クリニカル・データベース（National Clinical Database）の分析結果である。4種類の手術について、地域を過疎化率別

の3群に分けてリスク調整死亡率を示した分布だが、大都市部であれば治療成績が良好というわけではないことが明らかとなった。膵頭十二指腸切除や肝切除のように、むしろ過疎地域の方が全体として良好な成績を示す例もある。

「限られた資源を活かしながら最大の成果を得る」という視点から見れば、複数病院が競合する都市部よりも、選択肢の限られた過疎地域の方が病院同士の連携が効果的に機能し、役割分担や集約化によって良好な成績が得られている場合があるからだと考えられる。

今後はビッグデータを活用し地域の現状と課題を把握し、質・コスト・アクセスなどの観点から「自分たちの地域はこのような医療を実現させたい」というビジョンを共有することが不可欠である。地域医療構想の検討に参画する中で、患者・国民側もサービスを受ける権利だけでなく、将来世代に対して持続可能なシステムを維持する責務も踏まえ、理解を醸成することが重要となる。

このような観点から「日本の限られた人的資源や財源が効果的・効率的に活用され、患者・国民に提供される保健医療サービスの質を最大化すると共に、将来にわたって安定的に提供される」ということや「保健医療専門職や患者・国民が、自ら最適な保健医療や健康づくりを実現していくと共に、医療機関等も経営の効率化・安定化を図るなど、関係者の自律的な取り組みで保健医療提供システムが効率的に維持される」という社会の価値軸を実現することもウェルビーイング・プラットフォームの役割の1つとなる。

近未来コラム 4 》》 20XX年、介護施設経営者の話

これまでの介護は、目の前の高齢者ができないことをお世話することが中心となっていたため、現場の労働環境も大変厳しいものでした。また、スタッフへの支払いの認定基準も「どの程度その人にサポートを提供して

いるか？」というプロセスで評価を行ってきました。これは例えば、「身の回りの世話に見守りや手助けが必要。立ち上がり・歩行などで支えが必要（要介護1）」や「身の回りの世話や立ち上がりが1人でできない。排泄等で全般的な介助が必要（要介護3）」という基準です。

　このような基準で支払いが決まるため、良いサービスを行い、御本人と一緒に頑張って状態が改善した場合でも、その結果支払いが少なくなるというケースが生じます。このような状況では、現場ではやる気を感じることが難しいという声も多く聞かれました。

　ところが、IoT技術とPeOPLeとを連携した、見守りセンサーが導入されたことにより、ご本人が「何ができるか？」という側面から評価を行うことができるようになりました。これにより支払い認定における手間や時間が短縮されただけでなく、より良いサービスを行うことに向けたインセンティブが設定され、スタッフのやる気も高まっています。

　ご本人が望んだ場合には、介護が要らない状態までの回復をできる限り目指しています。介護に携わるスタッフと御本人が一緒になり、自分たちの努力や能力を生かしていくことによって、要介護度が下がっていく達成感を共に味わうことができるようになりました。

- -

- -

近未来コラム 5 ≫≫ 20XX年、都道府県の医療政策担当者の話

　各県や、それぞれの県内でも、地域の社会資源や、人口構造は大きく違います。大都市部では高齢人口が増加する一方、過疎地域では人口全体が減少に向かっています。これからの地域医療は、地域ごとに考えていく必要があります。というのは、住民が生活しているのは、「地域」です。地域全体として、住民へ最適な保健医療サービスが提供できているか、という点を見なくてはなりません。

　PeOPLeから切り出されたデータを使って、私たちの県の地域の特性が

見えてきました。例えば、地域ごとの疾病構造と人口動態を組み合わせることで、地域の保健医療ニーズも的確に把握できるようになります。特に、私たちの県では、高齢人口が増えていく大都市部の医療ニーズにどう対応していくかが課題となっています。

　確かに、住まいの近くに、高度な医療施設があることは安心です。しかし、その施設で一定レベル以上の技量となるためには、ある程度の経験（例えば、症例数）が必要となることも分かりました。目の前の安心のために病院を置いても、その場所を誤れば症例数が集まらず、パフォーマンスの低い病院をその後の世代に残してしまうかもしれません。

　保健医療施設は住民の財産です。短期的な視野に立つのではなく、人口の分布や交通網、社会インフラなど幅広いデータ・情報を集めて、「まちづくり」の観点から、急性期医療・リハビリ・介護、また健診・予防といった切れ目のない連携体制を考えなくてはいけないでしょう。

　データを使うことで、最近は、機関間の連携により、地域の患者さんの健康水準が上がっていくというシミュレーションもできるようになってきました。それぞれの機関が効率よく力を発揮し、連携し、将来にわたって安定的に運営ができるような、自律・自走の地域づくりをしていきたいと思います。

4 ウェルビーイング・プラットフォームで実現するウェルスケア

　本人を中心に、自分自身のウェルビーイングを高め、周囲と支え合うことができるPeOPLe基盤は、ウェルスケアへの活用も展望することができる。例えば、資産運用において、大きなリスクとなるのが認知症であるが、自分自身のデータを分析することにより認知症のリスクへの早い段階の気づきと進行緩和を行うことが可能となるからだ。

　ポケモンGOは、ゲームを楽しむ中で自然に屋外での活動を行う画期的な第一歩であったが、これからは同様のアプローチはさらに発展していくだろう。身体や心の状態や置かれた状況は1人1人異なるため、歩くべき距離や行うべき社会活動はその時々で異なる。PeOPLeによって得られる

情報に基づいて、その人にとって必要なバランスのとれた身体的活動や知的刺激が算出される。これらの情報に基づいて人々は楽しみながら認知症を予防・緩和する、様々な活動を行うことができるだろう。

また実際に認知症が進行したとしても、全ての活動が困難になるわけではない。ICTを活用したサポートがあれば、低下した認知機能をサポートし、社会・経済的な活動を続けることも可能になる。例として高齢者の自動車の運転においては、身体的・精神的疲れが大きな時にはブレーキとアクセルの踏み間違えが起こらないように制御を強く作動させるというサポートも考えられる。

同様に資産運用においても、これまでの活動履歴からAIを活用して運用行動を予測し、自分自身の考え方と合わない運用や、リスクの高すぎる判断についての安全装置が働くような機能を提供することで、できるだけ長くその人らしい経済活動を続けることが可能となるのではないだろうか。

またデータを活用することにより、自分自身だけでなく、周囲の人々からのサポートの質を高めることも重要な要素である。これまでは単純に他の人間に委任していた資産運用についても、AIを活用して資産運用の履歴から算出された行動の予測を、本人の意思と組み合わせることにより、家族や成年後見人の判断をサポートすることができる。

さらにこれらの一連のプロセスはデータとして第三者も検証可能であるため、本人の意思に沿わない悪質な判断が行われた場合には、裁判所などの第三者によるプロセス検証が保証される。このような追跡可能性の担保は、悪質な判断の抑止力として働くことが期待される。

このように、今後はICTの革新が保健医療提供システムと調和し、医療だけではなく人々の暮らしを幅広く支える新しい技術の開発が促進・高度化されていくだろう。これは保健医療サービスの質の向上・効率化につながると共に、保健医療提供システムの持続可能性にもつながるものである。またヘルスケアとICTが融合した新しい産業が生まれることは、日本経済の成長を牽引するだけでなく、世界の健康及びウェルビーイングをリードしていくことにもつながる[8]。

近未来コラム 6 >>> 20XX年、PeOPLeを利用するユーザーの話

　少子高齢化と言われていますが、人口構造やその変動は地域によって異なるので、あらゆる地域で必要なお医者さんや看護師さん、その他の保健医療専門職のみなさんを揃えられるわけではないようです。

　私は一度大きな病気にかかったことがあり、都市部の病院に入院していました。退院後は在宅で療養をしています。最近は、他の病気を併発したり、体が弱ってきたりしていますが、かかりつけのお医者さんのところのシステムでは、自分のデータを入れることで、様々な分野の専門の先生方との協力のもとで、いつも的確な投薬やサポートをしてくれます。

　また、自分の体の兆候をウェアラブル端末やセンサーで察知し、お医者さんや看護師さん、ヘルパーさんにデータが連携・共有され、体の痛みが出たり、ケアが必要な状態になったら、看護師さん・ヘルパーさんなどが自宅に来てくれます。さらに、服薬状況などもデータで管理されていて、少し薬が合わない時など、薬剤師さんが服薬指導しに来てくれます。

　お医者さんは、外来に在宅訪問に忙しそうでしたが、最近は、そのシステムを導入して、少し業務に余裕ができたようです。看護師さんたちも、必要な時に訪問すれば良いシステムになったので、負担が減ったと言っていました。私たちも、色々な職種の方に支えられて安心して生活できますし、何よりにぎやかです。

　おかげで、私たちは、色々な職種の方から、自分の心身の状況を丁寧に聞くことができ、暮らしの中でどう病気と付き合っていくか、とことん相談することができるようになりました。その中で、みなさんとの信頼関係も芽生えてきました。最近は、家族も交えて死生観の話もするようになり、自分の意思を十分に伝えることができなくなる場合に備えて、自分の考え方を伝えることができています。安心して在宅での生活を続けています。

（宮田裕章）

［注］
1) 厚生労働省「保健医療2035」(http://www.mhlw.go.jp/seisakunitsuite/bunya/hokabunya/shakaihoshou/hokeniryou2035)。
2) Miyata, H. et al., "Japan's Vision for Health Care in 2035," *Lancet*, 385(9987): 2549-50, 2015.
3) 厚生労働省「保健医療分野におけるICT活用推進懇談会 提言書」2016年 (http://www.mhlw.go.jp/stf/shingi2/0000140201.html)。
4) Rumsfeld, J. S. et al., "Big Data Analytics to Improve Cardiovascular Care: Promise and Challenges," *Nature Reviews Cardiology*, 13(6): 350-9, 2016.
5) Stacey, D. et al., "Decision Aids for People Facing Health Treatment or Screening Decisions," *Cochrane Database Systematic Reviews*, 2014.
6) Walsh, S. et al., "Systematic Review of Patients' Participation in and Experiences of Technology-Based Monitoring of Mental Health Symptoms in the Community," *BMJ Open*, 6(6), 2016.
7) ibid.; Wouters, M. W. et al., "The Volume-Outcome Relation in the Surgical Treatment of Esophageal Cancer: A Systematic Review and Meta-Analysis," *Cancer*, 118(7): 1754-63, 2012; Zevin, B. et al., "Volume-Outcome Association in Bariatric Surgery: A Systematic Review," *Ann Surg*, 256(1): 60-71, 2012; Hata, T. et al., "Effect of Hospital Volume on Surgical Outcomes After Pancreaticoduodenectomy: A Systematic Review and Meta-Analysis," *Ann Surg*, 263(4): 664-72, 2016.
8) 謝辞：本章の執筆にあたり内容の多くは、筆者も構成員となっている「保健医療分野におけるICT活用推進懇談会」の提言を基にしています。当該懇談会の構成員及び、事務局を支えて頂いた厚生労働省の皆様には、この場を借りて深く御礼を申し上げます。また執筆の機会を与えて頂いた「慶應義塾大学金融・経済・医療に関する研究会」の皆様に厚く御礼申し上げます。

第4章

高齢社会を支えるテクノロジーは
どうあるべきか

1 テクノロジーの変遷

　約200万年も前の旧石器時代にヒト科の動物が石を割って道具を作り、火をつける技法を編み出したのがテクノロジーの萌芽だと考えられている。人類はその後も様々なテクノロジーを生み出し、その存在自身に翻弄されながら、様々な工夫を凝らしてテクノロジーを生活や社会に組み込み、豊かな生き方を創り出してきた。テクノロジーは私たちの生活構造を一変させ、1人1人に与えられた時間の使い方を変えていく。

　世界中を旅しながら、人々の生活とテクノロジーのありようを考察した『テクニウム』の著者ケヴィン・ケリーは、「テクノロジーによるアートは新しい道具を可能にし、それがまた新しいアートを生み、またそれが新しい道具を生むという無限の連鎖が続く」[1]と述べているが、ではこれからの10年、今ここにあるテクノロジーは日本が今後直面する超少子高齢社会という状況に対して、どのような進化を遂げ、豊かな長寿社会の形成に一役買ってくれるのだろうか。

　現代のテクノロジーは、「移動能力の拡張」(車や電車は、1日ではとうてい歩いていけない遠方へのアクセスを可能にする)、「作業の代替」(私たちが手を動かさなくても、洗濯機は衣類を洗ってくれる)、「時間の伸縮」(冷蔵庫は食材を長持ちさせるし、オーブンは調理時間を短縮してくれる)といったように、身の回りの「時間」や「空間」を作用点にして生活の利便性を高め、発展してきた。

　現在、汎用製品の開発に用いることのできる成熟技術の大きさはメートルからミリメートルへ、重さはキログラムからグラムへと小型軽量化が進み、人の体や持ち物に「寄生できる」レベルにまで達してきた。こうした技術を使って開発された医療・福祉用製品は、「外骨格ロボット！」「ウェアラブルセンシング！」と喧伝され、ニュースを通じて私たちの耳を日々賑わせているが、個別的な技術論ではなく、こうした製品群をツールセッ

トとして捉え、どのような視点で使い分け、生活や社会をデザインすれば良いかを議論すべき時がきている。

　本章では、長寿高齢社会に住まう私たち生活者と、その生活者を支える医療提供者の視点から、医療福祉テクノロジーの開発に求められるポイントを論考する。

2　医療と福祉を支えるテクノロジー群

　まずは、福祉と医療を支えるテクノロジーとして期待されている（あるいはすでに利用されている）代表格のいくつかを概観し、本章で扱う範囲を確認することから始めたい。長寿高齢社会で医療経済的観点から大きな課題となるのは、「認知症」と「運動障害」である。前者については、第1章の中で概説され、その後、第2章で深く議論が展開されているので、この章では後者の「運動障害」に対するアプローチについて扱う。

　もっとも、高齢健常者や脳卒中患者における運動能力や運動量は認知機能と密接に関連しており、エクササイズなどによる適切な運動量の確保によって認知機能の低下を予防することができることが知られている[2]。その意味で、この章で扱う「テクノロジーによる運動の代行（福祉）や回復（医療）」は、本人の日常生活動作の再建や介護負担の軽減を実現するだけではなく、認知機能の維持や改善にも貢献し、健全で能動的な金融取引や資産管理行動を促すことにつながる。本章の内容は、こうした視点を通じて金融や経済の問題にも関連していくことを指摘しておきたい。

　運動障害を克服するためのテクノロジーは、用途別に医療と福祉に分けられる。まずは医療を支えるテクノロジーを概観してみよう（図表4-1-A）。ロボットによる運動機能の再建としては、筋活動量に応じて駆動する多自由度能動義手や装具（①）、そして外骨格型ロボットによる歩行アシストの実用化（②）が進んでいる。

患者自身の運動能力を治療し、回復させるものとしては、ロボットやバーチャルリアリティを使った腕の曲げ伸ばし訓練や（③）、脳活動の状態にあわせてロボット運動介助や神経電気刺激を与えることで、脳の中の神経回路を書き換えていくブレイン・マシン・インターフェース（Brain-Machine Interface；BMI）治療（④）などが注目されている。

　特に②や④のテクノロジーは、これまでの医療機器のいずれのカテゴリにも属さない新概念であることから、2015年に医薬品医療機器総合機構（医薬品・医療機器・再生医療等製品の承認審査・安全対策・健康被害救済の3つの業務を行う組織）において「生体信号反応式運動機能改善装置」という一般名称の医療機器カテゴリが新設された。これにより、有効性と安全性に関する審査プロセスの標準化が整備され、先進テクノロジーの医療機器化を進める具体的な道筋が示されることとなった。一般病院への普及を進めるためにはさらに、多施設共同研究による治療効果の検証、関連学会発行のガイドライン等における適用推奨記載、公的医療保険収載に向けた活動など、地道で継続的な取り組みを推進していく必要がある。

　次に福祉技術についてだが（図表4-1-B）、例えば食事動作を介助するロボット（①）、特殊キーボードや視線検出メガネによってパーソナルコンピュータへの入力を支援し、他者との意思疎通を可能にするコミュニケーションエイド（②）、患者本人の移乗をアシストするロボット（③）、介護者の負担を減らすように働く外骨格型ロボット（④）がある。このように、従来、介護者が担っていた負担の一部をテクノロジーに肩代わりさせたり、本人の能力自体をテクノロジーによって補完したりすることで、患者と介護者の生活の質の向上と就労機会の拡大を図るのが福祉テクノロジーである。

　福祉テクノロジーの利用拡大については、介護保険の給付対象として認定されることが重要である。厚生労働省が定める福祉用具のカテゴリに含有されない先進テクノロジーに関しては、前述の医療技術の場合と同様、その適用範囲、目的、有効性、安全性についての検証を重ねつつ、関連学会とも連携をしながら保険金給付対象としての追加を図っていく必要があ

図表4-1 運動障害を克服するためのテクノロジー

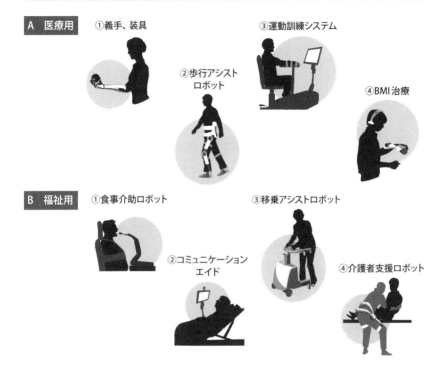

る。

　近年では、福祉テクノロジーに類似した機能をもつ一般製品が市場に投入され始めている点も見逃せない。例えば、アマゾン・エコー（Amazon Echo）やグーグル・ホーム（Google Home）は音声認識機能を持った家電制御装置で、ユーザーは装置に向かって話しかけることでテレビや室内照明などを操作することが可能になる。これは重度な四肢麻痺患者が使っている環境制御装置と類似した機能をもつ、一般市場品である。他にも、パーソナルモビリティと呼ばれる1人乗りの移動支援機器は、対麻痺や高齢者のための電動車椅子と機能を同じくする。

　これまではテクノロジーの水準が不足していて、若年健常人にとっては不便さや面倒さが目立ち、敬遠されがちだった製品群が、多機能化、小型

軽量化、高操作性などを達成し、一般消費者の購買意欲を刺激し始めている。福祉の世界ではニーズが高いがゆえに、これまでは多少不便であっても機器の調整をしながら利用してきた「草の根」的な福祉技術は、こうした一般市場における大きな製品進化の恩恵を受けて改良発展が進むものと思われる。

3　高齢社会と脳卒中

　前節で紹介したテクノロジー群は、高齢社会にどのような影響をもたらすのだろうか。ここではいくつかの統計資料を参照しながら、医療や福祉のためのテクノロジーが持つ経済効果を見積もることにする。

　高齢社会で大きな問題となる疾患の1つに脳卒中がある。脳卒中とは、脳の血管が詰まったり破れたりすることで、脳神経系に十分な栄養がいかなくなり、脳の一部が死んでしまう病気のことである。加齢や生活習慣病（高血圧、糖尿病など）は血管壁を硬化させたり、血管に強い圧力をかけたりするため、脳卒中の大きなリスクファクターになっている[3]。以前、日本では脳卒中が死因の第1位になるほどだったが、1960年頃をピークに脳卒中の死亡率は低下しており、現在はがん、心臓病、肺炎についで第4位である[4]。

　死亡率の低下要因は、急性期医療の質の向上と食生活の改善だと考えられているが、決して患者数自体が少なくなったわけではない。脳卒中の受療率は1980年から1990年にかけて急増し、1990年以降は減少傾向にあるものの人口10万人あたり200～300人の水準が続いている[5]。脳卒中による死亡を免れた後、40%は運動障害、感覚障害、高次機能障害などの後遺症を抱えることになり[6]、介護の必要なく元気に過ごせる「健康寿命」は短くなる。このことは、脳卒中が要介護要因の1位であることからも裏付けられている[7]。

日本人の健康寿命は2013年の時点で男性71.2歳、女性74.2歳で、平均寿命に比べると、男性は9年、女性では12年も短い[8]。つまり約10年もの間、本人の生活が制限され、介護する側の時間や費用が割かれ、保険料と税金によって賄われている医療保険、介護保険の支出が続くことになる。

　社会の高齢化が進み、脳卒中後の受療者数は今後も増える一方、介護者や納税者の世代は減少していくため、少ない人数で多くの受療者をどのように支えるかが問われており、脳卒中後の生活再建や、社会復帰を果たすための医療福祉戦略を速やかに構築し、改良していくことが求められている。

　そのための方策は多面的、包括的でなければならず、例えば国民の啓蒙を通じて生活習慣を改めたり、定期的な検診を進めたりする予防啓発運動も重要ではあるが、ここでは本章の主旨に限定して、脳卒中発症後の患者に対してテクノロジーが果たせる役割について議論を進めることにする。

4　介護問題に対してテクノロジーが果たせる役割

　図表4-2-Aに、介護保険制度における保険金給付状況を示した。介護保険制度では現在、国の認定を受けたケアマネージャーが実地調査を行い、保険金給付を希望する人の状態を要支援1〜2、要介護1〜5の2区分7段階に分類している。その分類ごとに脳卒中罹患患者数を見てみると、8.5〜34.5％もの高い割合を占めていることが分かる[9]。年間給付費の総額は脳卒中だけで2兆3000億円にものぼる計算になる。

　ここで例えば、テクノロジーの活用により介護負担が軽くなったり、患者本人の運動機能が改善することで、必要とする介護の量が低減するようなシナリオを考えてみよう。要介護度3以下の受給者のうち10％が、テクノロジーの活用によって介護度が1ランク改善したと仮定して給付費総額の費用削減効果を試算すると、年間384億円が見込まれる（図表4-2-B）。

図表4-2　要介護度の軽減による医療経済効果

A　要介護別に見た脳血管疾患（脳卒中）の介護給付費

	要支援1	要支援2	要介護1	要介護2	要介護3	要介護4	要介護5	合計
給付費総額（100万円）	161,382	337,612	1,164,792	1,649,050	1,903,639	2,106,621	2,002,965	9,326,061
受給者数（人）	802,804	795,360	1,096,509	1,028,235	771,690	723,399	635,834	5,853,831
1人あたり給付費（万円）	20.1	42.4	106.2	160.4	246.7	291.2	315.0	169.0（平均）
要介護ごとに脳血管疾患が占める割合（%）	8.5	14.1	13.9	18.9	23.5	30.9	34.5	—
脳血管疾患患者数（人）	68,238	112,146	152,415	194,336	181,347	223,530	219,363	151,375
脳血管疾患にかかる給付費総額（億円）	137	476	1,619	3,117	4,474	6,509	6,910	**23,242**

B　要介護度3以下の10%が要介護度1ランク改善の場合

								合計
脳血管疾患患者数（人）	79,453	116,173	156,607	193,037	163,212	223,530	219,363	1,151,375
脳血管疾患にかかる給付費総額（億円）	160	493	1,664	3,096	4,026	6,509	6,910	**22,858**
							費用削減効果（億円）	**▲384**

C　要介護度3以下の10%が要介護度2ランク改善の場合

								合計
脳血管疾患患者数（人）	94,694	120,365	155,308	174,903	163,212	223,530	219,363	1,151,375
脳血管疾患にかかる給付費総額（億円）	190	511	1,650	2,805	4,026	6,509	6,910	**22,602**
							費用削減効果（億円）	**▲640**

（出所）　筆者作成。

2ランク改善の場合は640億円である（図表4-2-C）。

　重介護から軽介護までどんな人にも適用可能で、これさえ使えば健常者と遜色なく生活できるようになる……、という夢のようなテクノロジーは存在しないし、「あれも欲しい、これも欲しい」では、人、金、時間のリ

図表4-3　再就労による医療経済効果

A　新規脳卒中発症者の就労復帰

年間発症者数　(a)	30万人			
うち2割死亡、2割自然回復　(b)	12万人			
リハビリ対象となる年間発症者数　(c=a-b)	18万人			
生産年齢比率（推定）　(d)	25.6%			
離職率　(e)	56%		45%	
新規発症離職者数　(f=c×d×e)	2.6万人		2.1万人	5000人
平均年収　(g)	420万円		420万円	
逸失収入損失　(h=f×g)	1084億円		871億円	213億円
所得税　(i)	20%		20%	
税収減　(h×i)	217億円		174億円	43億円

B　脳卒中罹患患者の就労復帰

脳卒中患者数（推計）　(j)	300万人
離職脳卒中患者数　(k=j×d×e)	43万人
テクノロジーによる就労　(l)	5%
再就労者数　(m)	2.2万人
収入増　(n=m×g)	903億円
税収増　(n×i)	181億円

（出所）　日本リハビリテーション医学会、労働者健康福祉機構、厚生労働省、国税庁などの資料より筆者作成。

ソースがいくらあっても足りないため、この試算のように「ターゲット」と「効果量」を現実的な範囲で設定し、テクノロジーの研究開発の焦点を絞ることが、開発資源の効率的運用上、有効である。

　保険金給付費用の圧縮だけでなく、脳卒中患者の就労復帰による経済効果にも注目してみよう（図表4-3-A）。現状では、年間の脳卒中発症者数約30万人のうち、約2割は死亡、他の2割は自然回復に至る[10]。したがって、残りの18万人が、介護生活を送るようになる層である。

　20〜70歳を就労年齢層としてその割合を25.6%と見積もる[11]と、そのうち56%が離職を余儀なくされている[12]ため、2万6000人が脳卒中の罹患

をきっかけにして仕事を辞めている計算になる。日本の平均年収は420万円[13]だから、逸失収入損失は1084億円、税収減は217億円になる。

一方、脳卒中発症後の早期再就労には、手指の機能障害の重症度が関与しており、手指に大きな機能障害を認めない場合には、機能障害がある場合に比べて再就労のオッズ比が約5倍である[14]ことから、テクノロジーの活用によって手指の運動機能を回復あるいは代償することで、再就労を促す効果が期待できる。テクノロジーの活用によって離職率を56%から45%に下げることができたとすると、5000人、213億円相当の雇用創出（43億円の税収増）につながり、医療経済上も大きなインパクトがもたらされると推計される。

脳卒中にすでに罹患している300万人の患者層についても同様に検討してみよう。就労年齢層比率と離職率を掛け合わせて見積もった離職脳卒中患者数43万人を対象に、うち5%がテクノロジーの活用によって就労できたと想定すると、2万2000人、903億円の雇用創出（181億円の税収増）が見込まれる（図表4-3-B）。新規発症者に対する先の推計と合わせると、実に年間1116億円の雇用創出、224億円の税収増である。

以上のようなシナリオに基づいて介護保険給付費と雇用創出、並びに税収を概算した結果からも、要介護状態にある患者の運動障害を一定程度改善するテクノロジーの開発は、医療経済的効果が高く、少子高齢時代における持続可能な社会の構築に大きく貢献することが分かる。

5 ニューテクノロジーによる神経機能の治療と補完

前節で見てきたように、医療介護負担の大きな重度症例に対するアプローチは、これからの高齢化社会における医療経済を支える上で重要なポイントになっている。しかしながら、現在までに開発されてきたリハビリテーション治療は、中程度あるいは軽度向けのものが多かった。それはな

ぜか。一言でいえば、重度症例では体が動かず、運動機能の回復を目指した訓練をそもそも実施できないからである。

　リハビリテーション訓練では、ぎこちないながらも患者本人が自分の力で麻痺肢を動かしたことに対して、より適切な動きになるように指導をし、その反復を通じて徐々に脳内に適切な神経回路が形成されていくことを促す。運動しようと考えて脳内の回路が駆動することがまず大切で（使用依存性）、その際に適切な脳活動がうまく発生するように外部から刺激を与えたり、視覚や他動的な四肢の運動介入を通じて、脳にフィードバックを返すことが次に重要である（タイミング依存性）[15]。

　しかし重度症例では、こうした要素が十分に成立しないのである。質の高い医学雑誌として定評のある『ランセット・ニューロロジー』（The Lancet Neurology）に掲載された分析には、世界各国で検討されている主要な新規リハビリテーション治療がリストアップされているが、これを見てもそのほとんどが中程度、軽度を対象としたものであるか、あるいは重度症例への施行に有意な治療効果は認めていない[16]。

　このような状況に対して、慶應義塾大学医学部リハビリテーション医学教室と同理工学部生命情報学科リハビリテーション神経科学研究室では、国立研究開発法人日本医療研究開発機構（AMED）「脳科学研究戦略推進プログラム」「未来医療」「医療機器開発推進事業」の支援を受けて、麻痺肢がほとんど動かせないような重度症例であっても、運動の生成に関わる脳内回路の駆動を促し、適切な脳活動パターンが定着するようなフィードバックを与えるための治療デバイスを開発している。ここでは、その実例を紹介しながら、ニューテクノロジーによって長寿社会を支えるためのコンセプトや治療デザインに関する論点を挙げていきたい。

　リハビリテーション神経科学研究室が慶應義塾大学医学部リハビリテーション医学教室やパナソニックと共に開発しているのは、ブレイン・マシン・インターフェース技術（Brain-Machine Interface；BMI）を活用した神経リハビリテーション手法である[17]。BMIでは、重度な片麻痺を呈する脳卒中患者の頭皮上に、直径10ミリメートル程度の金属電極を貼り付けて脳

波を計測する。脳の中には大脳皮質運動野と呼ばれる、骨格筋に運動指令を送り出す脳領域があり、脳波を使って運動野の活性状態をリアルタイムに読み出す。

　慢性期における重度片麻痺患者の脳活動は人によって実に様々で、本来必要のない脳領域の活動も含めて過剰な活動が出ている場合と、逆に脳活動が十分に生じていない場合がある。試行錯誤をする中で麻痺肢の運動生成に必要な脳活動が出た時だけ、麻痺手に取り付けた電動式の装具が駆動して手の動きが介助される。それと同時に、麻痺筋直上の皮膚に貼った電極からも電気刺激を与えて筋収縮を引き起こし、体性感覚を脳にフィードバックする。

　このようなシステムを使って、1日1時間程度、積み木を握ったり離したりする訓練をすると、2週間後にはおよそ7割の患者に筋肉の反応が出たり、指の動きが出たりするようになる。

　筋肉の反応が出るようになった場合には、私たちがHANDS療法と呼んでいる、BMIとは別の治療に移行する[18]。HANDS療法では、筋肉直上の皮膚に電極を貼って、患者が手を動かそうとした時の筋肉の反応をモニタする。モニタ装置には電気刺激機能も搭載されていて、筋肉の反応の強さに応じて即応的に筋肉へ電気刺激を送り返す。パワーアシスト自転車は、ペダルを踏む力の強さに応じて電動モーターがアシスト力を高めてくれるが、HANDS療法もそれに似ていて、麻痺した筋肉のわずかな反応を拾って、それを増幅するように筋肉へ電気刺激を与える。

　HANDS療法では、親指を4指に対して対立位に固定する軟性装具を組み合わせ、物を握りやすい状況を整える。したがって患者は訓練時に限らず、自由行動中にもこの装置を利用することができる。装置を付けると、電気刺激の助けのおかげで手を大きく開いたり閉じたりすることができるため、即時効果として物をつかんだり離したりすることが容易になる。麻痺している手が使いやすくなるため、麻痺手の使用頻度は自然と向上する。そのことは、単に「手が使いやすくなった」という運動の補助具としての有用性にとどまらず、継続的な利用と共に脳の機能が治療されていく

ことにつながっていく。

　HANDS療法の神経系への治療作用はBMIと共通していて、運動に必要な脳の神経回路を繰り返し駆動することと、適切な脳活動に応じて適切なフィードバックを体から脳に向かって送り返すことが鍵になっている。私たちのこれまでの経験では、BMI治療を経てHANDS療法に移行した患者の麻痺手運動機能は、当初スコアの約1.4倍、日常動作の中での使用頻度も約5倍に改善することを認めており、臨床上意味のある最小効果量（Minimally Clinical Important Difference；MCID）を超えた治療効果が得られている[19]。

　我々が開発している医療テクノロジーの特徴をまとめると、次の通りである。

- 生体反応に呼応して駆動するロボティクスである。
- 手術を必要としない、装脱着が可能なウェアラブルデバイスである。
- 装着することで麻痺手の運動が介助され、意思に応じてものを握ったり離したりできる。
- デバイスを継続的に利用することで、脳の機能が再編成される。
- デバイスを取り外した生身の状態での手指の機能が回復する。
- BMIによって筋肉の反応が出る程度まで回復させることで、その次の治療手段であるHANDS療法に移行できる。

次節以降では、こうした経験から導かれた医療テクノロジー開発の「勘どころ」を解説し、これまでは詳しく議論されてこなかったいくつかの点をトピックスとして示していく。

6 医療テクノロジー開発の「勘どころ」

1 身体の「何を」「どこまで治すのか」

　指の動きが完全に治らず、指がもつれながら100グラムの握力しか出せなかったとしても、自分の意思でその手を使うことができるようになれば、多くの日常生活動作を再獲得できる。例えば朝、ベッドに手をつきながら体を起こす。パジャマの裾を押さえながら、もう一方の手でボタンを外す。歯ブラシに歯磨き粉をつける。ブラシで髪をとかす。一方の手でネギを押さえ、もう一方の手で包丁を持ってそれを刻み、味噌汁の中にパラパラとまぶす。

　補助的ではあっても、麻痺した手がこうした基本的な日常生活動作の中で利用できるようになれば、日常生活動作の自立、介護負担量の低下、職務能力の再獲得による社会復帰、そしてなにより、生活に対する本人の意欲の増進が期待できる。

　それでもなお行いにくい動作は、それをサポートしてくれる福祉テクノロジーをそこで初めて利用すれば良い。麻痺肢の積極的な利用は運動機能の回復につながり、その状態に合った福祉テクノロジーを併用することで麻痺手の利用シーンがさらに広がっていく。事故や病気によって失った身体機能を100%元通りに戻すような「夢の治療」がない現状では、このようにテクノロジーを組み合わせることと、再獲得を目指す動作のレベルを現実的な水準に設定することが重要である。

　このようにして高齢社会における医療テクノロジーのあり方を考えると、例えば「医療福祉に役立つロボットハンドの開発」といった時に、単に「多自由度」「高速動作」「強い握力」を実現するハイスペックなロボットを目指すことだけがゴールではないことに気づく。

　指が1本ずつバラバラに動かなくても、グーとパーがしなやかにできれば身の回りの様々なものをつかむことができる。スチール缶を潰すほどの

握力はいらないから、軽くて丈夫で取り付けやすいものが良い。身に付けることが楽しくなるようなデザインが良い。「適正技術としてのテクノロジーデザイン」のあり方については、医療福祉分野においてまだまだ検討や標準化の余地がある。

2 運動、動作、行為

　医療福祉を支えるテクノロジーを、いかにして適正にデザインするか。ここでポイントとなるのは、「運動」と「動作」と「行為」の違いである。

　運動とは、体の姿勢が時間的に連続して変化したものであり、例えば肘や手首の関節が何度曲がったか、という物理量で測ることができる。ロボットによって麻痺した手足の動きをアシストする場合には、「運動」が介助されるわけである。これに対して動作とは、運動によって具体的に行われる仕事のことであり、なにがしかの具体的な目的や課題がある。

　手指の関節が30度曲がるのは「運動」であるが、そういう運動を利用して洋服の裾をつかみ、ボタンをはめるのが「動作」である。さらには、複数の動作を組み合わせて、生活的、社会的、文化的な意図を実現するものが「行為」である。椅子に座り、コップを持って、ジャーから水を注ぎ、口元に運んでこれを飲む、という複数の「動作」の組み合わせによって、喉が渇いたという欲求を満たすための「行為」が形成される。

　下位の構成要素ができるようになって初めて上位のものが実現できるが、注意すべき点は、下位の要素ができるからといって、上位の要素が必ずできるとは限らないところである。つまり、2者の関係は非線形になっていて、運動がある程度改善したからといって、動作あるいは行為としての有用性の向上につながらないことがままあることに留意すべきである。

　例えば手指の運動機能のことを考えてみると、全くもって指が動かせない「廃用手」の状態から、かろうじて指を曲げ伸ばしできる「低補助手」の状態にまで回復したとすると、日常生活の中で行えるようになる動作はぐっと増える。飲み物を飲む時に麻痺した手でペットボトルを支える、着衣時に裾を握って押さえておく、料理をする時に食材を支えておくといっ

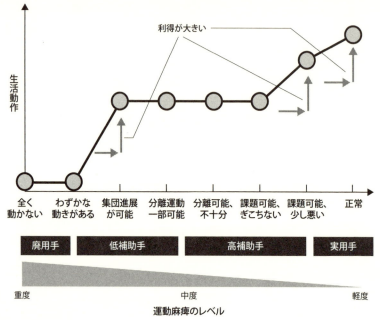

図表4-4 「運動機能」と「生活動作」の関係

(出所) 筆者作成。

たことができるようになる。

　では、指の曲げ伸ばしがもう少しできるようになって、指を開くことができる角度が4度ではなく、その倍の8度に改善されたとしたら、どうなるだろうか。残念ながら、手指が8度開くことで初めて実現できる日常生活動作、というものはあまりなく、「運動」の回復が「動作」の改善をもたらさない。そういう運動の回復は、実用上の価値が出ないのである。

　他にも例えば、当初はグーパーする程度の運動機能だったものが、指の動きにぎこちなさは残りつつも、指を1本1本、個別に動かせるようになったとしたらどうだろうか。残念ながらこの場合もやはり、新しく獲得できる日常生活動作はそれほど多くない。運動能力という点では改善していても、実用性の向上につながらないケースは、実にたくさんあるのである（図表4-4）。

112

例えばロボットを使って身体運動をアシストすることを考えると、ロボットは「運動」を作用点にして、それを補助、補完、回復させる作用がある。一方で、こうしたロボットを使って目指したいのは、「動作」の再獲得や効率化、またそれに伴う「行為」の再獲得や幅の広がりである。

　先に示した通り、「運動」の改善が全て「動作」の回復につながるとは限らないので、「運動」の単位回復あたりの「動作（あるいは行為）」の改善幅、すなわち「利得」という考え方を意識する必要がある。開発期間、人的、金銭的リソースが限られている中、高齢社会に役立つテクノロジーを生み出していくためには、対象として定めた疾患について利得の高い運動障害を選定し、そこへ資源を集中して医療福祉テクノロジーを開発していく必要がある。

3 医療機器なのか？　福祉機器なのか？

　福祉（機能の補助、補完）と医療（機能の回復）という2つの概念は、保険制度の区分上、明確に分けて考えられるものだが、少なくとも身体運動に関しては、その境目は曖昧な部分もある。脳卒中の治療で言えば、発症後4～6カ月を過ぎると機能回復のスピードは鈍くなることから、医療保険制度では150日（重度の場合は180日）を標準的算定日数として設定しており、その後は医療機関ではなく、老健（介護老人保健施設）、デイケア、在宅といった通所・訪問リハビリテーションの枠組みで、介護保険での対応をすることになっている。

　しかし、今日の神経リハビリテーション研究の発展に伴って、回復スピードが鈍るとされる6カ月を超えた後でも、これまで考えられてきた以上の機能回復が得られ始めている。脳には、機能を書き換え、それを保持する「可塑性」という性質があり、高齢であったり、脳に傷があったりしても、一定の可塑性は残存しているのである。

　そうした可塑的性質が誘導される条件は幾つも存在するが、代表的なものが前節で述べた「（麻痺肢の）使用頻度」と「フィードバック」である。麻痺肢を正しい形で使用する頻度を高めれば、中枢神経系に残存している

神経細胞の機能が書き換わっていき、失われた機能の一部が再獲得されていく。

逆に、十分な使用がないと、学習性不使用と呼ばれる状態、すなわち「本来は使えるのに、使わないことを学習してしまう」状態に陥り、その結果、脳の機能も必要以上に低下してしまう[20]。

フィードバックを通じて、麻痺肢をうまく動かせた時に得られる報酬も大切である。麻痺肢を使ってコップを持ったり、着衣ができたりした体験そのものが報酬になったり、療法士からの賞賛が報酬になったりする。こうした報酬は、脳の情動系に働きかけて、運動記憶の定着性を高めることが報告されている[21]。

医療機関で行える治療訓練時間は、医療保険制度上1日あたり2時間までであり、人の活動時間を仮に14時間とすれば、その量は14％にすぎない。一方、前節で紹介した手指の運動機能を補助するウェアラブルデバイスを用いたHANDS療法は、患者が訓練室でセラピストと向き合って行う訓練としてだけではなく、例えば自室で生活をしながら利用することができるため、日中活動している間中、訓練を続けた状態が実質的に作り出される。手の動きを介助してくれる福祉テクノロジーのようなウェアラブル装置の利用が「麻痺肢の使用頻度」を高め、治療的効果を誘導するのである。

HANDS療法はこのように、機能回復が期待できないと思われてきた慢性期においても、手指の運動機能を大きく改善させることができる[22]。冒頭で述べたような、「福祉＝機能の補助、補完」「医療＝機能の回復」という構造だけではなく、「福祉的なテクノロジーの利用が麻痺肢に対して訓練効果を生み出し、結果的に機能回復をもたらす（福祉→医療）」「回復した機能によって、さらに高度な福祉テクノロジーを利用することができる（医療→福祉）」という相互作用が存在すると言えよう。

医療福祉テクノロジーにおいてイノベーションを起こしうる新しい概念としては、こうした相互作用に焦点をあてて、医療と福祉が正のスパイラルを描いていけるような医療福祉テクノロジーやサービスの提供があるの

ではないか。これにより、現在の想定を超えた効果量の身体機能回復を実現し、生活再建、社会復帰を促していく。医療や介護を提供する側の人的、資金的リソースを抑えながらも、要介護者の割合を減らす。こうした視点をもったテクノロジーの開発は、少ない就労世代で多くの高齢者を支える超高齢社会の医療福祉ニーズに対して積極的に応えていくことができるだろう。

4 日常生活、社会生活への復帰を目指した治療パイプライン

　これまで繰り返し述べてきたように、テクノロジーがもたらす医療や福祉の効果は限定的である。つまり、神経機能を治療するテクノロジーにせよ、福祉的な補助具としてのテクノロジーにせよ、これさえ使えばなんの不都合もなく100％完璧に手足を使うことが可能になる、というような「夢の技術」はない。テクノロジーによって実現できることは、限られているのである。

　その理由の1つに、モーターやセンサーといった要素技術の仕様が生物のそれと比べて圧倒的に低いことが挙げられよう。例えばウェアラブルロボットのことを考えてみると、動力源であるモーターの単位サイズあたりの発揮力が筋肉と比べて圧倒的に低い。エネルギー変換効率も筋肉のそれと比べて圧倒的に悪い。人間の筋骨格系がもつ自由度や発揮力を、人間の筋骨格系と同じサイズのまま実現することは、今のテクノロジーには不可能なのである。そのため、必然的に、人間の本来持っている能力よりも機能を制限したロボットを作らざるを得ない。

　では、どのように考え方を割り切って、こういったテクノロジーを医療福祉に役立てていけば良いのだろうか。

　テクノロジーは道具である。道具というものにはそれぞれ、目的とその使い方がある。例えば、ハサミという道具は、紙を切る目的のためにある。ハサミには親指と人差し指や中指を入れる穴があり、そこに指を差し込んで握るようにして刃先を紙に当てていく。そういう使い方が、道具には予め決められている。道具はさらに、どんな人向けのものなのかも決

まっている。布地を切るための大きな嘴のハサミは、手先における小さな動きが刃先に大きく反映されるようにデザインされているし、爪を切るための小さなハサミは、手先を大きく動かして初めて刃先が少しだけ動くようになっている。

　医療や福祉のためのテクノロジーについても同様に、「処方対象」「インターフェース」「治療エンドポイント」の3つを明確に定める必要がある。一口に「手指が麻痺している」と言っても、脳卒中なのか脊髄損傷なのかによって、傷害された神経経路の種類や損傷状況が違っているため、手指の病的なフォームも異なるし、手首、肘、肩などの関連部位に併発している麻痺の程度だったり、随伴する不随意な筋肉のこわばりの様子もまちまちである。

　このテクノロジーはどういった疾患、重症度に対するものなのか、その処方対象をまず明確にする必要がある。1つのテクノロジーがカバーできる対象は限られるが、複数のテクノロジーによって切れ目なく「疾患・重症度マップ」全体をカバーできれば、医療や福祉の現場で、誰に何を使うべきか、体系だった判断と運用が可能になる。

　次に、治療のエンドポイント、すなわち、このテクノロジーによって患者の手指の状態をどういった状態にまで改善させたら「治療成功」と判断するか、という基準についても、その客観的、定量的な設定が大切である。またその基準は、別のテクノロジーにおける処方対象を満たすように設計する必要がある。まずテクノロジーAによって患者の状態を高められた暁には、その状態に対して至適な治療介入であるテクノロジーBへ移行して、さらなる機能回復を目指していく。

　このようにして、切れ目のない治療パイプラインを構築するために、両者が連結できるような形でそれぞれの治療法の入り口と出口を定義することが大切である。

　我々の研究でも、図表4-5のようにしてBMIリハビリテーションとHANDS療法を有機的に位置付けている。すなわち、筋肉の動きが出ないほど重度な運動障害がある方は、まずBMIを通じて筋肉の反応が出るとこ

図表4-5　BMIリハビリテーションとHANDS療法を組み合わせた治療パイプライン

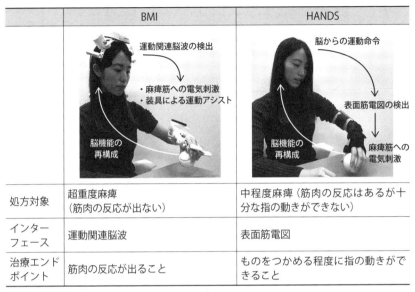

	BMI	HANDS
処方対象	超重度麻痺（筋肉の反応が出ない）	中程度麻痺（筋肉の反応はあるが十分な指の動きができない）
インターフェース	運動関連脳波	表面筋電図
治療エンドポイント	筋肉の反応が出ること	ものをつかめる程度に指の動きができること

(出所)　筆者作成。

ろまで持っていく。筋肉の反応が出るようになったらHANDS療法が使えるので、今度はそちらに移行してより集中的な治療訓練を施す。予後不良の場合は既存の代償的アプローチへ移行して、利き手交換や家屋改造による「暮らしやすさ」「住みやすさ」を構築していく。

　このようにして、従来の医療体系ともリンクさせながら、ニューテクノロジーによる治療法を有機的に結びつけ、医療提供者側は患者の重症度や介入効果に基づいて次にとるべき治療戦略を選定していく。現状は、技術ドリブンなボトムアップ型の研究開発が多いように思われるが、研究開発の早期から治療体系を把握して、ミッシングポイント（既存の医療でカバーできていない対象）や改良ポイント（新規開発品によって置き換えが期待できる技術）を見定め、開発の当初あるいは早期から利用シーンを想定した形で仕様を作り込んでいくと大変効果的である。

7 医療福祉テクノロジーの開発方法論

　医療技術の開発戦略について体系だった方法論を提案、実践しているものにスタンフォード大学バイオ・デザイン（BIO DESIGN）がある。医療現場のニーズを掘り起こし、その解決に必要な技術のタネを作り出してそれを育てていくボトムアップ型開発の体系的戦略として、大変優れた知識体系である。現在、経済産業省の後押しもあって我が国でも大阪大学、東北大学、東京大学で試験的な導入が進み始めている。

　これに対して、本章でこれまで指摘してきた開発戦略は、医療経済的観点からの重点領域の絞り込み、治療的利得の大きな治療対象の同定、既存治療体系への組み込みを実現するためのインターフェースやエンドポイントの設定など、いくつかのトップダウン的な評価項目を設定することで、開発対象や開発工程の具体化を促すものである。

　また、スタンフォード大学バイオ・デザインは、カテーテルや呼吸器などの外科的領域に対する取り組みが中心的であるのに対し、本章で取り上げた対象は、内科的（リハビリテーション領域）、非侵襲技術、キュア（治療）・ケア（看護）・ウェルフェア（福祉）に至る生活や社会との接合、などがキーワードになっている。

　我が国は世界にも類を見ない状況で高齢化社会に突入しており、後に続く諸外国に対するロールモデルとしての使命を持っている。日本は高い技術水準、医療水準を有していて、医療福祉上の課題を解決するための豊かな手段やフィールドを取り揃えている。医学、理工学、経済学的な知恵を集結することで、日本版バイオ・デザインを構築し、実践し、発信していくことが、世界に先駆けて豊かな長寿社会を実現するために必要であろう。

8 実用化に向けた課題

　本章では、私たちが今後迎える少子高齢化社会を支えるためのテクノロジーのあり方についてまとめた。医療経済的観点から、トップダウン的思考によって「何を」「どの程度」治療したり、福祉技術によって支えたりすべきか、実現可能なレベルで対象と効果量を考慮した重点開発目標の策定が重要である。

　また、これまでの医療福祉体系との接続を実現するために、明確な取り込み基準と治療エンドポイントの策定を技術開発の初期段階から考慮することや、臨床研究を通じてPDCAサイクルを回しながら、その概念実証を早期に達成していくことが、実用化に向けた有効なアプローチの1つである。

　また、人工知能やロボティクスといった先進的な技術の汎用化が一般市場において進む中で、これをいち早く医療福祉産業に取り入れ、臨床グレードでの安全安心品質を担保しながら、有効性のあるテクノロジー開発を早期に推進していくことが今後の課題である。

　脳の機能を調節したり成熟化させたりする神経リハビリテーション研究は、これまで基礎研究段階だったものが臨床レベルにまで移行しつつあるため、「麻痺は治らないもの」という運動障害に対するこれまでの捉え方は修正を迫られている。こうした科学面での進展も積極的に取り込みながら、これを活かすテクノロジーを開発していくことが、先進的な医療福祉システムを構築する上で重要である。

　日本は、医療福祉サービス、産業力、先進技術開発力のいずれもが高い水準に達している。基礎から実用まで、そしてテクノロジーから医療福祉サービスまで、広範な領域を俯瞰的に眺めながらそれらを統合できる人材の体系的な育成方法を構築していくこともまた、中長期的な視点から持続的な発展を実現していく上で大切であろう。産官学一体となった医療福祉

ニューテクノロジーの開発がますます期待される。

(牛場潤一)

[注]
1) ケヴィン・ケリー『テクニウム——テクノロジーはどこへ向かうのか?』服部桂訳、みすず書房、2014年。
2) Saunders, D. H. et al., "Physical Activity and Exercise After Stroke: Review of Multiple Meaningful Benefits," *Stroke*, 45(12): 3742-7, 2014; Marzolini, S. et al., "The Effects of An Aerobic and Resistance Exercise Training Program on Cognition Following Stroke," *Neurorehabil Neural Repair*, 27(5): 392-402, 2013.
3) 日本脳卒中学会脳卒中ガイドライン委員会編「脳卒中治療ガイドライン2015」協和企画、2015年。
4) 厚生労働省「平成28年我が国の人口動態(平成26年までの動向)」(http://www.mhlw.go.jp/toukei/list/dl/81-1a2.pdf)。
5) 厚生労働省「平成26年患者調査」表5-1及び、表5-2 (http://www.e-stat.go.jp/SG1/estat/List.do?lid=000001141596)。
6) 豊永敏宏責任編集「症例に見る脳卒中の復職支援とリハシステム」労働者健康福祉機構、2011年 (http://www.research.johas.go.jp/booklet/pdf/12_02.pdf)。
7) 厚生労働省「平成25年国民生活基礎調査の概況」第14表 (http://www.mhlw.go.jp/toukei/saikin/hw/k-tyosa/k-tyosa13/dl/06.pdf)。
8) 内閣府「高齢者の姿と取り巻く環境の現状と動向」『平成28年版高齢社会白書』第1章第2節 (http://www8.cao.go.jp/kourei/whitepaper/w-2016/zenbun/28pdf_index.html)。
9) 国民健康保険中央会「認定者・受給者の状況/平成25年度年間分」(https://www.kokuho.or.jp/statistics/st_ninju_H25.html)及び、前掲注7。
10) 佐伯覚・蜂須賀研二「脳卒中後の復職——近年の研究の国際動向について」『総合リハビリテーション』39巻4号、2011年。
11) 厚生労働省「平成26年患者調査」表62 (http://www.e-stat.go.jp/SG1/estat/List.do?lid=000001141596)。
12) 前掲注10を参照。
13) 国税庁「平成27年分民間給与実態調査結果」(https://www.nta.go.jp/kohyo/tokei/kokuzeicho/minkan2015/minkan.htm)。
14) 前掲注6を参照。
15) Ushiba, J. and Soekadar, S. R., "Brain-machine Interfaces for Rehabilitation of Poststroke Hemiplegia," *Prog Brain Res*, 228: 163-83, 2016.
16) Langhorne, P. et al., "Motor Recovery After Stroke: A Systematic Review," *Lancet Neurology*, 8(8): 741-54, 2009.
17) 牛場潤一「神経科学とリハビリテーション医学を接続する——BMIリハビリテーションを題材として」『リハビリテーション医学』53巻4号、2016年。

18) Fujiwara, T. et al., "Motor Improvement and Corticospinal Modulation Induced by Hybrid Assistive Neuromuscular Dynamic Stimulation (HANDS) Therapy in Patients with Chronic Stroke," *Neurorehabil Neural Repair*, 23(2): 125-32, 2009.
19) Kawakami, M. et al., "A New Therapeutic Application of Brain-Machine Interface (BMI) Training Followed by Hybrid Assistive Neuromuscular Dynamic Stimulation (HANDS) Therapy for Patients with Severe Hemiparetic Stroke: A Proof of Concept Study," *Restor Neurol Neurosci*, 34(5): 789-97, 2016.
20) Jones, T. A. et al., "Motor System Plasticity in Stroke Models: Intrinsically Use-Dependent, Unreliably Useful," *Stroke*, 44 (6 Suppl 1): S104-6, 2013.
21) Abe, M. et al., "Reward Improves Long-Term Retention of a Motor Memory through Induction of Offline Memory Gains," *Curr Biol*, 21(7): 557-62, 2011.
22) 前掲注18を参照。

第5章

高齢社会の働き方と健康

日本の100歳を超える長寿者は2015年に3万人を超え、介護を必要とせず自立的に生活できる期間である健康寿命への関心が高まっている。健康な高齢化は、高齢者の社会参加を促し、生きがいあるいはクオリティ・オブ・ライフの向上にも寄与する。とりわけ、平均寿命と健康寿命には、男性で約9年、女性では約12年の開きがある状況において、可能な限り健康寿命を伸ばし、社会参加の機会を増やす取り組みの重要性が増している。最近の調査結果によれば、65歳以降になっても働く意欲のある高齢者の割合が6割を超えている。そこで本章では、公衆衛生の視点から、高齢社会における働き方と健康について述べる。

1　高齢者の社会参加・役割と健康

　健康寿命を延伸するための取り組みが、各地で様々に進められている。それらの中で、最もよく知られた介護予防の取り組みの1つに、「いきいき百歳体操」がある（図表5-1）。高知市発祥のこの体操は、高知市保健所の堀川俊一所長を中心とする市の保健福祉チームが、高齢化の進む地域の介護予防を目的に、2002年に始めた住民主体の活動である。
　手足に筋力に応じた200グラムから2キログラムのおもりを付け、ビデオから流れる動きに合わせて行う30分の体操である。誰でもその日から参加可能でありながら、高齢期に失われることの多い柔軟性と筋力維持に役立つこの体操は、地域の高齢者の圧倒的な支持を受け、今では、高知市内300カ所以上の会場で週に1～2回開催されるに止まらず、高知県内、さらには40都道府県220市町村にまで拡がり、年に1回、全国から愛好者が集まっての大交流大会まで開かれるようになっている。
　その詳細は別に譲るとして、成功の秘訣の1つは、行政（市）の支援は最小限（ビデオとおもりの無料貸し出しと、最初の4回の技術支援のみ）で、あとは「お世話係」と呼ばれる住民が主体となった取り組みであるこ

図表5-1　いきいき百歳体操

（出所）筆者撮影。

とであり、参加者たちは、単に体操をするために集まるのではなく、終わった後におしゃべりをしたり、趣味の活動のグループへと発展したりと、役割と居場所を提供していることにあると言って良いであろう。

　同じ四国、徳島県上勝町の「株式会社いろどり」も、よく知られた事例である。高齢化率が50％を超える山間の過疎の町から発信される高齢者活躍の物語は、映画化までされ、広く知られるようになっている。「つまもの」とは、料理を彩る季節の葉っぱや花。日本料理に彩りを添えるものとして欠かせない存在であり、山間の過疎地という条件を逆手にとって自然の豊かさを地の利とし、その栽培・出荷・販売を地域の高齢者が担うビジネスとして1986年にスタート、今では年間を通じて、様々な種類のつまものを出荷、年間の売り上げは5億円を超えているという。

　ICTを活用した生産情報システム「上勝情報ネットワーク」が構築されていて、個人事業者となる高齢者たちは、かつてはPC、今ではタブレットを使いこなして、その日に高く売れる葉っぱの種類を確認し、自分で受注してから、葉っぱを集めに出かけている。中には、年間の売り上げが1000

万円を超える者もあるが、単なるお金のためではなく、「自分の力で、孫にプレゼントできるのが嬉しいから」とのことである。さらにその結果として、医療・介護費が、周辺の市町村と比べて1人あたり年間20万円程度も低い水準にあるという。

超高齢化対応の先進地域とも言える地方におけるこの2つの事例は、高齢者が地域のコミュニティとつながっていることの重要性や経済活動に参加し続けることの意味、そして所属するコミュニティで役割があることの重要性を教えてくれる。さらには、これらが健康にも深く結びついていることを示唆している。

2　人口構造からみる健康課題と高齢者の就労

日本が世界に先駆けて経験しているこの超高齢社会は、今ではグローバルな課題でもある。国連の推計によれば、2050年には、世界全体の65歳以上人口の割合が、現在（2015年）の8.3％から16％にまで高まり、地域別にも、アジア18.2％、欧州27.6％、北米22.7％、ラテンアメリカ・カリブ海19.5％、オセアニア18.2％と、アフリカ5.9％、サハラ以南のアフリカ4.9％を除いてはいずれも15％を超えるとされている。いわゆる後期高齢者に相当する75歳以上も、現在の3.3％が2050年には7.6％になると予測されている[1]。

さらに大きな課題が、都市化の進展である。現在、世界各地で都市人口が増加している。国連経済社会局による世界の都市化予測によれば、1950年には30％に過ぎなかった都市部人口は、2011年頃に史上初めて農村部人口を上回った後も増え続け、2014年には世界の総人口の54％となり、2050年には66％が都市部に居住すると予測されている[2]。

都市の方が農村部より貧困率は低く、水や医療といった基本的な公共サービスへのアクセスが改善することから、全体としての健康状態は都市

の方が良好であり、都市化の進行により死亡率の低下がもたらされるが、やや遅れて出生率が低下し始めることが多く、結果として高齢化が進行する。そして、超高齢社会は、多くの場合少子化を伴うこととなる。

「人口高齢化を乗り越える社会モデルを考える」との副題がついた平成28年版の「厚生労働白書」は、この問題を正面から取り上げている。高齢期の暮らしや就労に関する意識について調査結果が記載されており、これによれば、40歳以上の男女に「あなたにとって、老後に不安が感じられるものは何ですか」と尋ねたところ、「健康上の問題」が73.6％と最も多く、次いで「経済上の問題」（60.9％）であったという。

高齢者の就業については、2015年の60歳以上の就業者数は、60〜64歳が534万人（62.2％）、65〜69歳が399万人（41.5％）、70歳以上が330万人（13.7％）と、世界の国々と比べて就業率は高く、さらに現在は働いていないが、就職を希望している者も多いという。これについて、60歳以上の男女を対象としたより詳細な調査データによれば、70歳くらいまで働きたいとする者の割合が23.6％、75歳くらいまでが10.1％、76歳以上が2.7％、働けるうちはいつまでもが29.5％で、合計すると65歳以降になっても働く意欲のある高齢者の割合は65.9％にも上っており、同白書は、年齢に関わりなく活躍できる「生涯現役社会」の実現が重要としている。

このことに関して、2012年の「高年齢者等の雇用の安定等に関する法律」の改正で、定年制廃止、定年年齢引上げ、継続雇用制度の導入のいずれかを高年齢者雇用確保措置として実施することが企業の義務とされるといった雇用確保の仕組みが整備されたこともあり、65歳までの就労に関する社会環境には一定の改善が見られた。今後は、65歳を超えても働き続けたい高齢者の就業機会の確保が課題とされ、労働政策審議会での議論を経た法改正によって、65歳以降に働きたい者のための仕組み、すなわち、企業における高年齢者の雇用の促進、中高年齢者の再就職の支援、地域における多様な雇用・就業機会の確保、シルバー人材センターの機能強化の整備が進められつつある。

3 ライフコースアプローチによる加齢と心身の機能変化

　いわゆる高齢者の年齢に達しても働き続けるためには、加齢に伴ってどのような変化が心身の機能に現れるかを知っておく必要がある。加齢とそれに伴う健康状態の変化は、全ての人に等しく起こる現象である。また、一定の年齢に達すると急に始まるわけではなく、生まれる前から亡くなるまで生涯にわたる変化であると考えられる。

　ライフコースアプローチとは、健康を病気の有無で二分するのではなく、時間の経過と共に連続的に変わる状態として捉え、その変化に応じ、社会的視点・観点も含めたサポートを行うアプローチである。

　WHOは2000年前後に、ライフコースアプローチに関連する報告書を相次いで出した[3]。それらの報告書では、加齢に伴う機能的能力（functional capacity）の変化について、図表5-2のように示している。

　心肺機能や筋力といった身体機能は、全体として青年期の比較的早期にピークを迎え、以降は低下していくが、その低下の程度やスピードは個人によって異なり、特に喫煙や飲酒、食事や運動習慣といったライフスタイルの影響が大きく、個人への働きかけ、あるいは集団への政策的な働きかけによって、低下スピードを遅らせることが可能であり、機能低下は可逆的なプロセスと考えられるという。さらに、社会階級や居住環境、労働環境、さらには教育歴や経済的困窮も、その後の高齢期での機能低下に影響している。

　したがって、高齢期における健康状態や活動度は、これまでのライフコース全体にわたる様々な出来事の結果であり、併せて、個人としては修正できない社会的あるいは経済的要因も反映している。また、図表5-2の「障害閾値」（disabled threshold）は、自立状態と介護が必要な状態の境目を表しているが、支援が手厚くなるなどの社会環境の変化によって下方へとシフトし、また、機能を補うようなテクノロジーの進歩によっても下方

図表5-2　ライフコースと機能的能力

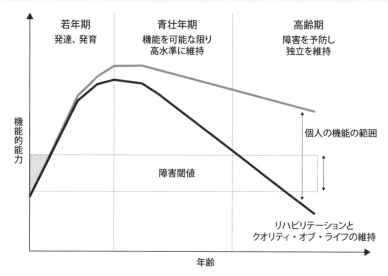

(出所)　WHO, "A Life Course Approach to Health," 2000.

へとシフトすることになる。男・女差も重要であり、平均寿命は女性の方が長い一方で、女性では要介護の率が高く、介護が必要な期間も長い。

2015年に出版されたWHOの「高齢化と健康に関するワールドレポート」では、このようなライフコース全体の流れの中で加齢に関する変化を捉えることの重要性を強調しつつ、機能的能力を最適化するようなアプローチによって「健康な高齢化」を実現する枠組みづくりについて述べている[4]。

ここでは、加齢と機能低下の関連性は緩やかに認められるに過ぎず、同じパターンで低下していくような典型的な高齢者は存在しないことから、個々の機能レベルに合わせた対応が必要であることと、新たなテクノロジーによって失われつつある機能を補うことで、引き続き社会生活を送ることができたり、クオリティ・オブ・ライフが向上するといったことが起こりうる。したがって、健康な高齢化を実現するための出資を、コストではなく投資として捉えることの重要性が強調されている。

高齢者の機能的能力を理解する上で重要なのが、フレイル（虚弱；

図表5-3 65歳以上の要介護者等の性別に見た介護が必要となった主な原因（2013年）

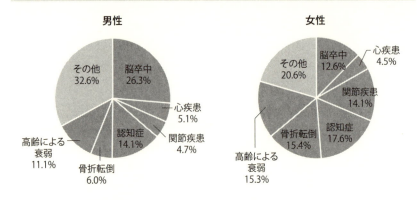

（出所）　厚生労働省「平成25年国民生活基礎調査」より筆者作成。

frailty）への理解である。これは、高齢期によく見られる老年症候群の1つであり、例えば、身体活動の低下、筋力の低下、動きが遅くなる、疲労や持久力の低下、意図しない体重減少の5項目のうち3項目以上にあてはまる場合に、フレイルな状態にあると評価するなど、機能や筋力の低下・喪失によって、非健康な状態に陥りやすくなるような状態を指す。

　図表5-3は、国の調査による（2013年）、65歳以上の要介護者等の性別に見た介護が必要となった主な原因を示している。女性では、脳卒中と心疾患を合わせても全体の17％程度であるのに対し、老年症候群は、関節疾患と骨折転倒を合わせて約30％、認知症が約18％、高齢による衰弱が15％と、介護の原因の約3分の2を占めている。また男性でも、トータルでおよそ35％となっている。

　東京大学の秋山弘子らの調査によれば、このことを反映して、加齢に伴う生活活動における自立度の変化は、男性は70歳前に自立度が急低下するグループが約2割、生涯自立度が高いグループが約1割、その他は70歳代後半に緩やかに自立度が低下するのに対し、女性は、70歳前に自立度が急低下するグループが1割強、その他は70歳代後半に緩やかに自立度が低下するとされる[5]。

4 高齢社会での就労促進へ向けた健康へのアプローチ

　ここまで述べたことを背景に、高齢社会における働き方と健康を考えると、第1に、ライフコースにわたる機能的能力の変化と維持に着目するとの視点が重要である。多くの場合、身体的機能あるいは社会心理的機能が失われつつある高齢期を取り上げ、いわば目の前の課題への対策を議論してきたが、それ以前からの時間経過を伴う状態の変化として捉えていくことが必要である。

　我が国では、勤労世代に対する健康保持・増進への取り組みとして、法令による健康診断（健康診査）とその結果に基づく保健指導が、作業関連疾患予防の観点に加え、循環器疾患（脳卒中、心臓病）、がん、糖尿病といった生活習慣病予防の観点からも広く行われてきた。最近では、メンタルヘルスについても、ストレスチェックの仕組みが導入された。

　このような予防への取り組みは、もちろん、労働者の健康を守る2次予防（早期発見・早期治療）、1次予防（健康増進）の取り組みとして重要であるが、高齢期に発生する老年症候群、要介護状態の予防としての意義も有している。成人期からの高血圧症は、将来の転倒のリスク要因でもあり、また認知機能低下にも関与する。糖尿病も、同様に、幅広い老年症候群の症状と深く関連している。

　こうした、生活習慣病を中心とする疾患予防の視点に加え、今後は、職域における健康管理においても、機能的能力の変化と維持へのアプローチが重要になる。特に、高齢就労の環境が整備されていくのに伴い、機能的能力がより大きく低下しつつある高齢者への支援の観点からも、就労を長期にわたって継続するとの観点からも、フレイルを予防すると共に、例えば、筋力の低下に対して、ロボットを活用するなど、テクノロジーによって機能の低下を補うアプローチを取り入れることも必要である。

　第2に、機能的能力の観点から、社会の仕組みにも工夫が必要である。

本章の冒頭で紹介したように、高齢者が地域のコミュニティとつながっていて役割があることは、良い健康状態の維持に役立つ。このことは、社会疫学研究と呼ばれる数多くの研究でも観察されている。例えば、我々が群馬県高崎市倉渕町地域の65歳以上の高齢者984名を対象に行った3.5年間の追跡調査においても、地域社会への参加と周囲への信頼感が、日常生活活動度の低下や死亡に関連していた[6]。

　とりわけ、今後、一気に高齢化が進む都市部においては、地域コミュニティがつながりを有していないことも少なくないだけに、その仕組みのみならず、担い手となる人材の育成も重要である。その際に、高齢者の所得保障（income security）にもつながる仕組みも不可欠である。前出のように、40歳以上の男女の老後の不安は、70％以上が健康上の問題、60％が経済上の問題とされていて、この両者は表裏一体の関係にあるとも言える。公的年金という社会保障制度を基盤に、就労、さらに資産管理を組み合わせた所得保障の整備を、社会参加の促進とセットで地域に根付かせることが必要であろう。

　最後に、働く場や働く仕組みの観点からも、この問題を考える必要がある。高齢者の働き方を、健康を含む労働適応能力の視点で捉えた取り組みとして、1980年代からフィンランドを中心に欧州で行われてきた「ワークアビリティ（work ability）」研究がある[7]。

　ワークアビリティとは、現在あるいはこの先どの程度うまく働けるのかを表す概念であり、フィンランド労働衛生研究所（Finnish Institute of Occupational Health；FIOH）が提示しているモデルでは、健康及び機能的能力を基盤に、仕事に対するコンピテンシー（能力や資質）、仕事に対する態度やモチベーションといった個々の労働者側の要因と、職場環境や職場のリーダーシップといった職場側の要因との組み合わせによるとされている（図表5-4）。具体的には、ワークアビリティ指数（Work Ability Index）を用いて、労働者の主観的な仕事への適応能力をワークアビリティとして評価し、配置が適切になるようにしたり、職場環境側の改善を図ったりする。

図表5-4 ワークアビリティ・ハウスモデル

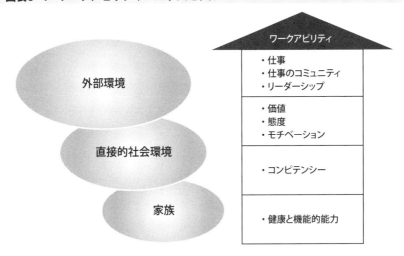

(出所) Ilmarinen, J., "Towards a Longer Worklife!: Ageing and the Quality of Worklife in the European Union," Finnish Institute of Occupational Health, Ministry of Social Affairs and Health, 2006を基に筆者作成。

　労働者個人の機能的能力と仕事との調和を求めるという観点は、高齢者の就労を考える上で示唆に富むアプローチである。ただ、現場においては、ワークアビリティの適切な評価手法やワークアビリティを維持・向上させるプログラムの開発などの課題が残されている。また、雇用が長期雇用から流動化する流れにおいて、このようなアプローチが進むようなインセンティブを企業側が持つ環境づくりへの工夫も欠かせない。

(武林　亨)

［注］
1) UN, Department of Economic and Social Affairs, Population Division, "World Population Prospects, the 2015 Revision," 2015.
2) UN, Department of Economic and Social Affairs, Population Division, "World Urbanization Prospects, the 2014 Revision," 2014.
3) WHO, "A Life Course Perspective of Maintaining Independence in Older Age," 1999; WHO, "A

Life Course Approach to Health," 2000.
4) WHO, "World Report on Ageing and Health," 2015.
5) 秋山弘子「長寿時代の科学と社会の構想」『科学』2010年1月号。
6) Imamura, H. et al., "Relationships of Community and Individual Level Social Capital with Activities of Daily Living and Death by Gender," *International Journal of Environmental Research and Public Health*, 13(9), 2016.
7) Juhani, E. I., "Aging Workers," *Occupational & Environmental Medicine*, 58(8), 2001.

第6章

高齢者の認知機能の低下と法的問題

―― 成年後見制度の現状と課題

1 高齢者の判断能力をめぐる法的問題

1 判断能力と取引の有効性

　私たちの日常生活に密接に関わる法律である民法の中では、私たちは損得勘定ができ、合理的・理性的判断が可能な個人と捉えられていて、その個人が自由意思で行った取引行為は有効なものとして尊重される（個人意思の尊重、私的自治の原則）。そこで、年齢によって一律に行為能力が制限される未成年者と違って、成年に達した以降は、たとえ高齢者であっても、年齢だけで、取引行為の能力が制限されるわけではない。

　しかし、高齢者は加齢に伴って理解力や判断能力が低下することもあり、本人自身の取引行為だからといって、全て有効とし、取引の結果（権利・義務）を本人に帰属させることは妥当ではない。民法も、個人意思の尊重の前提として、取引行為を行う本人に「意思能力」があることを必要とし、著しく判断能力が低下した人の取引行為の効力を否定している。

　「意思能力」というのは、自分が行った行為の法的な結果を、認識・判断することができる能力であって、意思能力がない者が行った法律行為は無効とされる。意思能力は、取引行為の効果発生のために最低限必要な能力であって、通常7歳程度になれば、意思能力が備わるとされている。ただし、年齢などによる一律の画一的基準はなく、意思能力の有無は、「問題となる個々の法律行為ごとに、その難易、重大性なども考慮して、行為の結果を正しく認識できていたかどうか」ということを中心に判断される[1]。

　意思能力の有無についての争いは、最終的には証明の問題（証明責任は無効を主張する表意者側、すなわち高齢者側にある）となるが、認知能力の低下が疑われる高齢者との取引の際には、相手側にも、事後的な紛争の回避のため、取引時の状況の確認や客観的資料を残すなど、慎重な対応が必要となる[2]。当該高齢者と継続的な取引を行ってきたような場合は、成年後見制度（第2節を参照）の利用を説明することも1つの方法である。

2 高齢者の契約の有効性が争点となった事例

　認知能力が低下した高齢者が行った契約（取引行為）について、契約時の意思能力の有無が争われる事例には様々なものが存在する[3]が、例えば、以下のように、高齢者の金融取引をめぐる事例でも、結論については契約の無効・有効と分かれる。

　事例の中には超高齢者による取引も含まれているが、年齢のみで意思能力が否定されることはなく、意思能力の有無の判断は、まずは精神的障害の程度を踏まえて行われる。ただ、契約締結時に、精神上の障害について診断を受けているとは限らず、取引内容や行為時の状況など、個々の事情に基づいて意思能力の有無が個別具体的に判断され、当事者双方にとって予期せぬ結果となることもある。

　紛争の未然防止のためには、高齢者の意思決定に関する支援制度（成年後見制度、金融機関等事業者側の説明責任の明確化等）の重要性は高い。

● 金融取引の契約無効事例

- 金融機関が自署及び実印の押捺を求めて締結した連帯保証契約につき、アルツハイマー型（中程度以上）老人性認知症の確定診断を受けた者と締結したものであるとして、連帯保証契約が不成立ないし無効とされた[4]。
- 金融機関の担当者の目の前で自署された契約書による根抵当権設定契約[5]につき、設定者は相当高度な認知症の症状が出ていた高齢者であり、意思能力を欠くとして無効とされた[6]。

● 金融取引の契約有効事例

- 銀行から2億円の融資を受け、不動産に根抵当権設定契約を行った高齢者（88歳）は、多発性脳梗塞等で判断に正確性を欠き、歩行等に不自由があったものの、日常生活はそれなりに普通に送っていたと推認されることや、意思無能力についての立証が不十分であるとして、意

思能力の欠如が認められず、契約は有効とされた[7]。

3 成年後見制度による対応の意味——意思能力と行為能力の違い

　意思能力の有無は、契約締結時のピンポイントの問題であり、事後的に個々の契約の効力を否定することによって対処しているにすぎない。認知能力が低下している高齢者の判断能力が継続的に不足している状態を踏まえてのトータルなリスク管理とはならない。そこで、定型的画一的基準に基づいた、事前の対応策が必要となる。

　民法は、単独で有効な法律行為を行うことができる能力（行為能力）を前提として、行為能力の制限を受ける者（制限行為能力者）を明確にし、一定の保護支援制度を設けている。

　制限行為能力者とされているのは、未成年者（民法5条）及び、成年後見制度の対象者（成年被後見人、被保佐人、被補助人）であり、これらの者が単独で行った法律行為は、行為能力に制限を受ける範囲で取消の対象となる。そこで、高齢者との取引の際に、判断能力に疑問が生じた場合、当該高齢者について成年後見制度が開始していないか確認する必要があろう。

　成年後見対象者であることは後見登記により明らかになる仕組みとなっているため、本人に、「登記されていないことの証明書」または「登記事項証明書」の提示を求めることにより確認することになる。なお、金融機関は、約款などで後見・保佐・補助が開始した場合の届出義務を定めるなどの対応をしている。

2 高齢者の認知機能低下と成年後見制度の利用

1 成年後見制度の概要

　従来、民法には、禁治産・準禁治産制度が存在していたが、本人による

法律行為を制限し、財産を保全することに力点が置かれ、本人の支援・保護の制度としては不十分で、実際の利用も多くはなかった。

そこで、1999年に民法上の制度改正を行うと共に、任意後見契約法を制定し、2000年4月から現在の成年後見制度がスタートした。認知機能が低下した高齢者の増加の中で、成年後見制度は高齢者の権利擁護に資することが期待されると共に、同時にスタートすることになる介護保険制度の下、契約締結能力に欠けた高齢者にも介護保険サービスの利用を保障するためでもあった。

成年後見制度を理解するために、まず、その理念・目的を押さえておこう。成年後見制度の基本理念とされたのは、①ノーマライゼーション（障害の有無に関わらず、同様に普通の生活を送ることができるようにする）、②本人意思の尊重（自己決定の尊重）、③残存能力の活用（本人に残っている能力を十分に活用すること）である。

成年後見制度には、民法上の法定後見制度と、任意後見契約法による任意後見制度がある。いずれも、精神上の障害により事理弁識能力（判断能力）が不十分な者、したがって、認知機能が低下した高齢者が利用可能な制度であるが、法定後見制度は、さらに、判断能力低下の程度に応じて、後見・保佐・補助の3類型に分かれている。

法定後見制度の場合は、家庭裁判所が選任した後見人等により本人の支援が行われるが、任意後見制度は、本人が選んだ任意後見人によって支援を受けることになり、より本人意思の尊重に合致することから、任意後見は法定後見に優先するとされている（任意後見契約法10条）。なお、任意後見制度は、法定後見制度と異なり、本人の行為能力の制限は伴わない（第3節を参照）。

2 法定後見制度の概略——行為能力制限の範囲と後見人等の権限

認知機能が低下した高齢者の判断能力が不十分となった場合でも、その程度は様々で変動もあるから、法定後見制度においては、後見・保佐・補助の3類型に区分し、支援を行うことになった（第2章第2節を参照）。特

に補助類型は、従来の禁治産・準禁治産制度のもとで、制度対象となっていなかった、いわゆる軽度の認知症高齢者について支援対象としている。

　本人保護のため、一定範囲で行為能力の制限を伴う法定後見制度の利用において、本人意思の尊重や残存能力の活用の観点から、過不足なく3類型による支援が行われるべきであり、そのためには各類型の内容・特徴を理解しておく必要がある（図表6-1）。

　なお、本人の精神状況について、後見・保佐開始にあたっては、原則鑑定が必要とされている（家事事件手続法119条1項、133条）が、2015年の鑑定の実施率は事件全体の約9.6％にすぎず、実務ではほとんど医師の診断書に依拠して判断されている。

(1) 後見類型（狭義の成年後見）[8]

■対象者＝成年被後見人

　精神上の障害により事理弁識能力（判断能力）を欠く常況にある者（民法7条）、すなわち、認知機能がほとんどない者が対象となり、審判によって選任された成年後見人により支援を受けることになる。成年被後見人は、最も広範囲で行為能力制限を受けることになり、日常生活に関する行為（生活必需品の購入等）は成年被後見人が単独で行うことができるが、それ以外の行為を成年被後見人が行った場合は、取消の対象となる（民法9条）。

■成年後見人

　欠格事由（民法847条）に該当しない者であれば誰でも、また、法人（司法書士法人、弁護士法人、社会福祉協議会等）でも成年後見人となることができる。また、例えば、成年被後見人の身上監護については親族後見人が、財産管理については専門職後見人（弁護士、司法書士等）が選任されるというように、職務内容に応じて複数の成年後見人が選任される場合もある[9]。

　家庭裁判所が、後見人を選任する際は、「成年被後見人の心身の状態並

図表6-1　法定後見制度の概要

		後見	保佐	補助
要件	対象となる者	成年被後見人＝事理弁識能力（判断能力）を欠く常況にある人（民法7条）	被保佐人＝事理弁識能力（判断能力）が著しく不十分な人（民法11条）	被補助人＝事理弁識能力（判断能力）が不十分な人（民法15条）
保護の機関	保護者	成年後見人（民法8条・843条）	保佐人（民法12条・876条の2）	補助人（民法16条・876条の7）
	監督人	成年後見監督人（民法849条）	保佐監督人（民法876条の3）	補助監督人（民法876条の8）
開始の手続	申立ができる者	本人、配偶者、4親等内の親族、検察官など（民法7条、11条、15条） 市区町村長（老人福祉法32条、知的障害者福祉法28条、精神保健及び精神障害者福祉に関する法律51条の11の2）		
	本人の同意	不要		必要
代理権	付与の対象	財産に関するすべての法律行為（民法859条）	申立の範囲内で与えられた「特定の法律行為」（民法876条の4①）	申立の範囲内で与えられた「特定の法律行為」（民法876条の9①）
	本人の同意	不要	必要	
同意権	付与の対象		民法13条1項所定の行為、申立の範囲内で定められた法律行為	民法13条1項の範囲内であり、かつ申立の範囲内で定められた法律行為
	本人の同意		不要	必要
取消権	付与の対象	成年被後見人が行った日常生活に関する行為を除くすべての法律行為	被保佐人が、同意を要する行為について、同意を得ずに行った法律行為	被補助人が、同意を要する行為について、同意を得ずに行った法律行為
	取消権者	本人・成年後見人（民法120条）	本人・保佐人（民法120条）	本人・補助人（民法120条）

（出所）　各種資料より筆者作成。

びに生活及び財産の状況、成年後見人となる者の職業及び経歴並びに成年被後見人との利害関係の有無、成年被後見人の意見その他一切の事情を考慮しなければならない」（民法843条4項）とされ、適任者の選任が求められる。

実際には、成年後見の開始申立書に、申立人側から成年後見人候補者名を記載することができ、家庭裁判所は記載された候補者が適任であれば、この者を成年後見人に選任する。適任でない、あるいは、記載がない場合には、弁護士、司法書士、社会福祉士など専門職後見人を選任し、または、家庭裁判所にある候補者名簿（市民後見人等）に基づいて選任されている。

■成年後見人の権限・職務

成年被後見人が広範な行為能力制限を受けていることから、成年後見人にはこれを補完するため最も広範な権限があり、成年被後見人に代わって一切の法律行為を行う代理権（包括的代理権）及び、日常生活に関する行為を除いて、本人の行為について取消権（民法9条、120条1項）を持っている。

成年後見人の職務としては、成年被後見人のために、「財産管理」と「身上監護」を行うことであり、成年後見人としての職務を行う際には、本人の意思を尊重し、身上に対する配慮義務を負っている（民法858条）。また、成年後見人が成年被後見人の代理人として行動することから、委任契約の場合の受任者と同じく善管注意義務（民法869条による644条の準用）を負い、本人のために行動すべき忠実義務（本人の犠牲の下に自己又は第三者の利益を図ってはならない義務）を負うと考えられている[10]。

（財産管理）

成年後見人は成年被後見人の財産全体を把握し、包括的代理権に基づいて、成年被後見人の財産を保存し、利用する。ただし、成年後見人による財産管理には一定の制限があり、まず、成年被後見人の居住用の不動産の処分（建物・敷地の売却・賃貸・抵当権設定、居住アパートなどの賃貸借

契約の解約（解除））については、居住環境の変更が成年被後見人に与えるダメージを考慮し、あらかじめ家庭裁判所の許可を得なければならないとされている（民法859条の3）。

　家庭裁判所は、許可申立の内容である処分の具体的必要性・相当性（処分動機には、施設入所の資金調達、入院・治療費の捻出、リバース・モーゲージ[11]の利用等が考えられる）を吟味した上で、許可するか否かの判断を行うことになる。また、利益相反行為（例えば、成年後見人が、自分の事業のために銀行から融資を受ける際に、成年被後見人を代理してその所有する不動産に抵当権を設定する行為）については、成年後見人自らが代理行為を行うことはできず、家庭裁判所に特別代理人の選任を請求しなければならない（民法860条）。

　包括的代理権を持つ成年後見人による財産管理は、保存行為、利用・改良行為が含まれる（民法103条）ことには間違いないが、これらを越えて財産価値の減少・権利の得喪をもたらす恐れのある行為（処分行為）が含まれるかについては、実務は限定的に解する傾向にあるとされている[12]。

　金融取引に関連して、成年後見人は、成年被後見人の金銭を管理するために、成年被後見人名義の預金口座を開設することはでき、また、預金口座から、成年被後見人に必要な費用の支払いのために金銭を引き出すこともできる。必要性の点も、本人の意思や、本人の身上への配慮に基づいて判断される。

　したがって公共料金といった当然に必要とされるものだけでなく、例えば、本人の孫などへの祝い金の贈与や、本人の旅行代などの娯楽費用への支出も必要性が認められる。なお、金融商品の購入について、成年後見人には成年被後見人の資産の積極的運用によって資産を増殖する義務はなく、また、元本保証がないリスクを伴う商品による資産運用については、善管注意義務に違反すると考えられている[13]。

（身上監護）
　成年後見人は、成年被後見人の生活、療養看護に関する事務（身上監護）を行う（民法858条）。例えば、認知機能が著しく低下し、成年被後見

人となった高齢者は、健康状態や日常生活の維持について、他人の介助・ケアを必要とすることも多いが、成年後見人の職務は、成年被後見人に対する事実行為としての世話（介護など）をすることではなく、成年被後見人の生活や身体の状況を把握し（見守り活動）、生活の維持や介護、医療など身上の保護に関する契約（法律行為）を行うことである。

例えば、介護保険サービスを受けるための介護保険の認定申請や介護サービスを受けるための契約締結、生活用品の購入や介護用品のレンタル契約など、本人の状況に応じて種々の行為が含まれてくる。なお、住宅のバリアフリー工事や手すり等の設置など、財産管理と身上監護が関連する行為もある。

（2016年民法改正による権限の拡張）

成年後見人が、成年被後見人の財産管理や身上監護を行うために、成年被後見人宛に届けられる様々な郵便物などを把握することが必要となる。しかし、成年被後見人宛の郵便物を他人が受け取り開封することは、本人の「通信の秘密」（憲法21条2項）を侵害する恐れもあり、従来、対応に苦慮していた[14]。

この問題を受けて、2016年4月13日民法改正が行われ、成年後見人による郵便物等の管理に関して、家庭裁判所の決定により、郵便物等の送達を行う業者に対し、成年後見人に配達すべき旨を嘱託することができるとする規定（860条の2）及び、成年後見人が受け取った郵便物を開封・閲覧することができるとする規定（860条の3）が定められた。

また、成年被後見人が死亡した時、成年後見は終了し、成年後見人の職務・権限も終了するが、親族などの身寄りがない高齢者の場合など、成年被後見人の死後、生前の入院治療費の支払い、遺体の引き受け・葬儀の実施などについて、成年後見人が対応を求められることがある。本人が生前、自己の死後事務処理について意思表示をしていない場合、従来は、成年後見人が、どこまで死後事務処理を行うことができるかの点も明らかではなかった。そこで、民法改正においては、同時に、家庭裁判所の許可により、成年後見人に一定範囲の死後事務の権限が、認められることとなっ

た（民法873条の2）。

(2) 保佐類型

■対象者＝被保佐人

精神上の障害により事理弁識能力（判断能力）が著しく低下し（民法11条）、日常的に必要な買い物程度は単独でできるが、重要な行為（不動産、自動車の売買や自宅の増改築、金銭の貸し借り）を自身でできる程度の判断能力はない者で、中程度の認知症の高齢者が対象となり、家庭裁判所により保佐人が選任される。

被保佐人は、一定範囲で単独行為の制限を受け、保佐人による同意を得なければならないことになる。保佐人の同意を得なければならない法律行為は民法13条1項に法定された重要行為で、例えば、「元本の領収・利用」として、銀行預金の払い戻し（日常生活に関する場合以外）、利息付きの金銭の貸し付け等、「借財又は保証」として、銀行からの借り入れや他人の債務の保証人となること等であり、さらに、必要に応じて同意を要する行為の範囲の拡張を家庭裁判所に申し立てることができる。保佐人の同意を得る必要がある行為について、被保佐人が同意を得ずに行った場合は取消の対象となる（民法13条4項）。

■保佐人の権限

被保佐人の能力制限は一定範囲にとどまるため、保佐人の権限・職務は成年後見人と比べると狭い。保佐人は、被保佐人の重要行為に対する同意権・取消権を持つ。しかし、保佐人の同意を得る必要がある行為であっても、同意を得れば、被保佐人は自分で法律行為を行うことができるため、成年後見人と異なって、保佐人には当然に被保佐人を代理する権限は認められてはいない。

そこで、本人保護の必要性と、本人の自己決定の尊重を踏まえ、本人の申立に基づき（あるいは、本人の同意を得て）、保佐人に一定範囲で代理権を付与することができるとされた（民法876条の4）。代理権の対象となる

法律行為は、財産管理及び身上監護に関する行為であり、保佐人が代理行為を行う場合、成年後見人の代理権に対すると同様の制限を受け、また、善管注意義務・忠実義務を負うことになる（民法876条の2、876条の5）。

(3) 補助類型

■ **対象者＝被補助人**

精神上の障害により事理弁識能力（判断能力）が不十分ではあるが、成年後見・保佐の対象となる程度にまでは至っていない者である。たとえば、日常的に必要な買い物程度について困ることはないが、特に重要な財産上の法律行為について、単独で適切に行うことができず、常に他人の援助を受ける必要がある者で、軽度の認知症あるいは認知症の初期の段階にある高齢者が対象に入る。補助制度は、制度開始及び支援内容（同意権・代理権）について、本人の自己決定が前提とされ、いわば、本人によるオーダーメイド型の支援体制となる。

補助開始審判を行うには、本人の同意が必要であり（民法15条2項）、本人の判断能力が不十分であっても、本人以外の者による補助開始審判の申立に、本人による同意がなければ、補助開始の申立は認められない[15]。なお、被補助人は定型的に能力制限を受けるということはなく、補助人の同意が必要となる行為についてのみ、被補助人の行為制限がなされるため、補助人の同意権の範囲の決定にも本人の同意が必要である（民法17条2項）。

■ **補助人の権限**

補助人の権限・職務内容は一律に法定されているわけではなく、補助開始審判を行う際に、本人（被補助人）の具体的必要性に応じて、また、本人の申立に基づいて、補助人の同意権の範囲を決定することになる。なお、被補助人の判断能力不足の程度は、被保佐人よりも軽度であるから、同意を要する行為の範囲は、保佐に関して民法13条1項に法定された重要行為の範囲内で決定され、例えば、不動産の売買・賃貸借契約、金銭消費

貸借契約、保証契約、あるいは、1回の取引などの金額の上限（10万円など）を定め、これを超える通信販売取引などを含めることもできるとされる。なお、補助人は取消権も持つ。

また、補助人は当然に代理権を持つわけではなく、本人が定めた範囲で代理権を付与される。同意権・代理権はいずれか一方あるいは両方を補助人に付与することができるが、補助開始審判の際に、少なくともいずれかを補助人に付与する必要がある。

補助制度の新設は、最も本人意思を尊重し、本人のニーズに合った支援を用意するものとして期待された。しかし、実際には後述の通り3類型のうち最も利用が進んでおらず、判断能力が不十分となった認知症の初期や軽度の認知症の段階にある高齢者の保護に応じ切れていない。

判断能力が不十分となった本人（家族も含め）に対して、制度利用の必要性・メリットが適切に理解されるような説明や、本人によるオーダーメイド型の同意権・代理権の範囲の決定についても、いくつかのセットメニューの提示といったような、アドバイスを行う支援体制も必要であろう。

3 成年後見制度利用の実情

(1) 成年後見制度の利用者数

成年後見制度（任意後見制度を含む）により現に支援を受けている利用者数は、2015年末で19万1335人である（図表6-2）。図表6-2から分かる通り、成年後見の利用が圧倒的に多数で、約80％を占めており、任意後見制度の利用は1％にすぎない。成年後見制度全体の中で、利用の偏りが見られ、認知症高齢者の判断能力の低下が著しい重度になって、初めて成年後見制度の利用が行われる傾向が強い。

■ 申立件数と認容件数

2015年の申立件数は全体で3万4782件（対前年比約1.2％増）であり、後見開始審判申立は2万7521件（対前年比約0.02％増）、保佐開始審判申

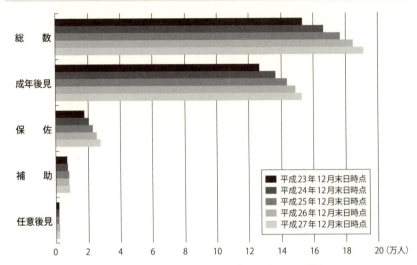

図表6-2　成年後見人制度の利用者数の推移

(出所)　最高裁判所事務総局家庭局「成年後見関係事件の概況（平成27年1月～12月）」。

立は5085件（対前年比約5.8％増）、補助審判申立は1360件（対前年比約3.5％増）となっている。任意後見監督人選任審判申立件数は816件と多くはないが、対前年比約10.6%増と若干増えている。これら審判申立は、認められる割合（認容率）が比較的高く（95.3%である）、その結果、2015年に開始した成年後見全体は3万2861件、そのうち、後見開始は2万6146件、保佐開始は4786件、補助開始は1251件、任意後見開始（任意後見監督人選任）は678件となっている。

■ 申立人と申立の動機

誰が申立人となっているか、特に本人との関係を見ると、本人の子が最も多く全体（重複等調整後の3万4623件）の約30.2%を占め、次いで市区町村長が約17.3％、本人の兄弟姉妹が約13.7％と続いている。最近は、市区町村長申立の増加傾向があり（対前年比約7.2%増）、身寄りのない認知症高齢者（あるいは親族による虐待などを受けている場合）などについて

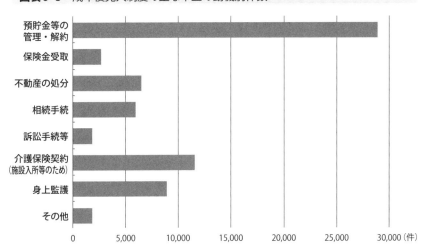

図表6-3　成年後見人制度の主な申立の動機別件数

(出所)　最高裁判所事務総局家庭局「成年後見関係事件の概況（平成27年1月～12月）」。

は、親族申立が期待できないことから、行政機関が支援を必要とする者を発見したような場合に申立が行えるようにしている。

申立の動機（図表6-3）の多くは、財産管理に関わる動機であり、特に、金融機関との関係での、預貯金等の管理・解約が最も多く、次いで、介護保険契約（施設入所等のため）となっている。成年後見類型の利用が偏重されている状況とも合わせて考えると、金融機関などから見ても、本人の判断能力の著しい低下が目立つようになり、本人自身との取引が困難とされるような事態に立ち至って、成年後見制度の利用が検討されるのであろう。

■ 成年後見の担い手（法定後見人等と本人との関係）

成年後見人・保佐人及び補助人といった法定後見人等に選任された者と、本人との関係を見れば、図表6-4の通り、親族（配偶者、子、兄弟姉妹等）が法定後見人等に選任される割合は、約29.9％にすぎず、最近減少傾向が続いている。それに比べて、親族以外の第三者が成年後見人に選任

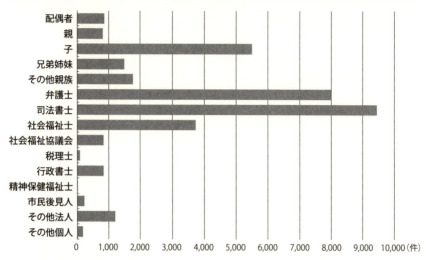

図表6-4　成年後見人等と本人との関係別件数

(出所)　最高裁判所事務総局家庭局「成年後見関係事件の概況（平成27年1月～12月）」。

されたのは、約70.1％となっており、具体的には、司法書士、弁護士、社会福祉士の順となっており、これらの者は専門資格に基づいて選任され、専門職後見人と呼ばれている。

　特に、専門職後見人が選任される事情としては、より専門性や中立性が要求される場合や、親族後見人では適正な後見事務が行われないリスク（本人の財産の運用・利用・流用等の恐れ）がある場合であり、具体的には、親族間に本人の財産管理などをめぐり、紛争がある場合、第三者との財産問題の紛争（あるいはその可能性）がある場合、財産の状況により、財産管理が複雑である場合（事業収入がある場合等）、あるいは、一定の財産管理能力が必要である場合（流動資産が多い場合等）などが挙げられている[16]。ただ、申立の動機でも見たように成年後見の利用が財産管理のためである場合が多いことから、家庭裁判所が、本人に一定額の資産がある場合、親族による財産上の不正・流用を心配してか、親族後見人の選任に厳しくなっていることも指摘されている[17]。

3 高齢者の自己決定と任意後見制度

1 任意後見制度とは

(1) 任意後見制度の概要——任意後見契約

　任意後見制度は、本人に判断能力が存在する間[18]に、自分が精神上の障害により事理弁識能力（判断能力）を失った時に備えて、後見事務（財産管理、身上監護）を委任する相手（任意後見人）を選び、これを受任者として公正証書による任意後見契約を締結しておくもので、本人の判断能力が不十分となった時に、家庭裁判所により任意後見監督人選任審判申立がなされ、任意後見監督人が選任された時に任意後見契約の効力が発生（任意後見開始）するものである。

　任意後見契約は、本人と受任者である任意後見人との間の委任契約であり、任意後見人には、本人のため、任意後見契約で定められた範囲の代理権が認められるが、法定後見と異なり本人自身の行為制限を伴わないため、任意後見人には本人の行為についての同意権はない（したがって取消権もない）。本人の法律行為の自由は残されており、意思能力が欠けていた場合のみ、事後的に法律行為の無効が問題となる。

(2) 任意後見と法定後見の関係

　成年後見制度の理念を最も実現する制度として、本人意思の尊重や残存能力を活用することができ、能力制限を伴わない任意後見制度は、法定後見（成年後見、保佐、補助）に対する優先の原則が定められている。任意後見契約が存在する場合には法定後見と併存することはない。この点で、任意後見契約が締結・登記されている場合、法定後見開始審判の申立が行われても認められない（申立却下、任意後見10条）。法定後見が開始した後に、任意後見契約に基づく任意後見監督人の選任の申立があった場合

図表6-5　任意後見開始のプロセス

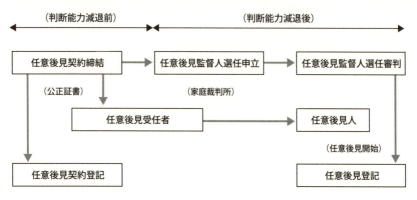

(出所)　筆者作成。

も、任意後見が優先し、法定後見開始審判は取り消される（任意後見4条2項）。

　ただし、前者の場合、「本人の利益のために特に必要がある場合」、例えば、任意後見人の契約上の権限が本人保護に不十分である、契約内容が不当（報酬が高額の場合など）である、受任者として不適格といった場合には、法定後見の開始が認められる（任意後見10条1項）。後者の場合も、「法定後見を継続することが本人の利益のために特に必要である」場合には、任意後見監督人の選任をせず、任意後見は開始しない（任意後見4条1項2号）。

(3) 任意後見制度の仕組み——任意後見契約締結と任意後見開始の関係

　任意後見契約は一種の委任契約ではあるが、契約時から直ちに受任者に代理権が生じるわけではない。実際に、任意後見が開始し、受任者が任意後見人として代理行為を行うのは、本人の判断能力が低下し、本人保護が必要になった段階に至った時である。

　そこで、本人保護への配慮として、任意後見契約は公証人により作成される公正証書によってのみ締結されること（任意後見契約登記により任意

後見契約の存在・内容が公示される)、また、任意後見人に対する監督を行う任意後見監督人を家庭裁判所が選任することによって、任意後見が開始するとした(任意後見監督人選任登記により任意後見の開始も公示される)。

2 任意後見制度利用の実情と課題

(1) 任意後見制度の利用

　任意後見制度は、本人の自己決定権を最大限尊重し、法定後見制度に優先するとされてはいるが、その利用は未だ進んではいない。任意後見契約の締結数は徐々に増えているものの、任意後見契約登記数から見てみると2000年4月の制度開始から2015年12月までの累積件数は9万6790件である[19]。他方、2015年12月末で、任意後見の実際の利用数(任意後見が開始している数)は2245件にすぎない(図表6-2)。

　任意後見契約が締結されても、契約が発効しないというのは、任意後見制度自体が将来に備えるためのものという制度設計上想定内とも言える。しかし、本人に判断能力の低下が見られても、任意後見開始(任意後見監督人選任)手続[20]がとられず、任意後見制度の利用が見送られ、本人の自己決定が尊重されない結果となるケースも存在する[21]。

(2) 任意後見契約締結の類型と問題点——即効型、将来型、移行型

　任意後見契約は、本人の将来の判断能力低下に備えて利用される「将来型」の契約締結の他に、「即効型」「移行型」の3種類の利用形態があるとされる。

　「即効型」は、判断能力が低下したが、契約締結能力(意思能力)まで失ってはいない段階で、補助制度を選択せずに、任意後見契約を締結後、直ちに家庭裁判所に任意後見監督人選任申立を行い、任意後見開始につなぐものである。

　任意後見契約の中に、任意後見契約登記後、直ちに、任意後見人選任手続を行う旨の条項を入れておくこともある。ただし、本人の判断能力の低

下の中で、意思能力の有無が判然としないこともあり、争いを招くことにもなりかねず、「即効型」の利用は少ないとされている。

「移行型」は、将来の判断能力低下に備えて、任意後見契約を締結すると同時に、受任者との間で、財産管理や身上監護について、直ちに効力を持つ事務委任契約を締結しておくものである。

判断能力の低下はなくとも高齢者は、加齢や病気などで身体機能が低下し、事務処理を単独で行うことに不安や困難を抱えることもあり、第三者に事務処理を委任することができれば、本人の安心にもつながる。そこで、将来任意後見人を引き受けてもらう者との間で、事前の財産管理等の委任契約の締結、及び、将来、判断能力減退後に任意後見監督人を選任し任意後見人となってもらう、任意後見契約の締結を行う場合が多いとされる。

この「移行型」に関しては、原則的に委任契約は本人の意思能力喪失によっても終了することはなく、受任者側に、任意後見開始手続をとるインセンティブが働きにくいとされ、これが、任意後見制度が活用されない原因の1つになっている[22]として、「移行型」の利用については消極的意見もある。ただし、本人のニーズに切れ目なく対応し、実情に即応するとして肯定的な受けとめ方もある。

「将来型」は、任意後見制度の趣旨から、原則形態と考えられるが、現実に本人の判断能力が減退した時期に、速やかに任意後見制度を開始させる手続がとられる必要がある。そのためには、任意後見契約受任者が、日頃から本人の状況を把握し、見守りサービスの利用を本人に勧めるなど、将来の任意後見開始に向けての「つなぎサービス」が必要とされる。

4　成年後見制度の課題

1　成年後見制度の活用

成年後見制度の利用者数は徐々に増加してはいるものの（2015年末時点

で19万1335人)、利用が想定されている認知症高齢者の数(厚生労働省によると2012年の推計で462万人)と比べると、成年後見制度は判断能力が不十分となった高齢者の法律行為(財産管理・身上監護)を十分にサポートしているとまでは言えない。

　成年後見制度の運用には様々なコスト(後見人等への報酬の支払い、家庭裁判所の負担、行政・民間による支出)が必要となるとはいえ、高齢者の意思能力をめぐる紛争事例から垣間見られるように、高齢者の権利擁護の観点からも、成年後見制度の活用を進める方策が検討されるべきであろう。

　成年後見制度の利用が十分進んでいないことの原因には、制度内在的問題(法制度の不備)と制度運用上(支援体制を含む)の問題が考えられ、これまでも提言・改善が行われてきた[23]。ただ、法定後見制度の中で特に利用が少ない補助類型や任意後見制度は、本人意思の尊重という理念に最も叶う制度として導入されており、これらの利用を強化するような方向での法改正(例えば、申立に本人同意を不要とする、任意後見監督人選任申立を義務化する)は難しい。制度活用の点でより重要なことは、支援体制の充実を含む制度運用上の改善であろう。

2 成年後見制度の担い手と支援体制

　成年後見制度と車の両輪と言われた介護保険の現場にいるケアマネージャーや、認知症高齢者の診察にあたっている医師等にも、成年後見制度に関する知識・情報が行き渡っていない。そこで、2016年4月成立の成年後見制度利用促進法にも含まれているように、高齢者が生活する地域において拠点となる「成年後見実施機関(成年後見センター)」の設置や、そこでの活動に対する支援策が求められる[24]。

　とりわけ、成年後見制度の活用のためには成年後見人等の担い手が多数必要となる。現状では、親族後見人等の選任が減り、専門職後見人等の選任が7割を超えているが、担い手となる専門職の人的リソースは限界に近づいている。成年後見センターなどが、一般市民の中から担い手(「市民

後見人」)を養成する取り組みを始めているものの、需要を満たすことができるかは未知数である。

家庭裁判所による親族後見人等の選任が減少したのは、適任者がいないということもあろうが、親族による後見制度の濫用を危惧しての対応ということであろう。確かに、家族間での「愛情と財布の分離」は難しいが、「本人意思の尊重」を踏まえて身上監護を含む後見事務を行う点で、第三者よりも本人の身近にいる親族が適格ということも言える。実際にも、認知症高齢者と関わりを持つ親族の理解を得ずに、第三者が後見事務を適切に行うのは難しいだろう[25]。

こうした状況を鑑みると、今後は、親族を適正な後見事務を行う担い手とするための対策が必要であろう。後見制度支援信託[26]の創設もその1つであったと考えられるが、例えば、成年後見センターの活動に親族後見人の支援も含めることを将来的な視野に入れるなど、広範な取り組みが求められよう。

(犬伏由子)

[注]
1) 東京地判平成17年9月29日、『判例タイムズ』1203号、2006年、73頁。
2) 斉藤輝夫・田子真也監修『Q&A家事事件と銀行実務』日本加除出版、2013年、44頁を参照。
3) 澤井知子「意思能力の欠缺をめぐる裁判例と問題点」『判例タイムズ』1146号、2004年。
4) 福岡地判平成9年6月11日、『旬刊金融法務事情』1497号、1997年、27頁。
5) 一定の範囲に属する不特定の債権、例えば、継続的取引契約によって生じる債権について、定められた極度額の限度で担保するために設定された抵当権(民法398条の2)を指している。
6) 東京地判平成10年7月30日、『旬刊金融法務事情』1539号、1999年、79頁。
7) 東京地判平成10年10月27日、『旬刊金融法務事情』1545号、1999年、125頁。
8) 広義では、成年後見制度は、法定後見制度及び任意後見制度を含めた意味で用いられる。
9) 東京家裁後見問題研究会編著『後見の実務』(『別冊判例タイムズ』36号)、2013年、44頁を参照。
10) 前掲注9の72頁。
11) 居住用不動産を所有しているが、現金収入が少ない高齢者が、居住用不動産を担保にして生活費の調達を可能にするための制度として考案された。リバース・モーゲージは、所有している不動産に担保権を設定して、金融機関等(地方自治体による取り組みもある)と締結した継続的金銭消費貸借契約に基づいて毎月の生活資金の融資を受け、借受人が死亡した場合には担保に

入れていた不動産を処分し返済するという融資形態を指している（片岡武司・金井繁昌・草部康司・川畑晃一『家庭裁判所における成年後見・財産管理の実務（第2版）』日本加除出版、2014年、60頁）。
12) 遠藤英嗣『新しい地域後見人制度』日本加除出版、2015年、77頁。
13) 前掲注9の83頁、前掲注11の52頁、前掲注12の239頁。
14) 松川正毅編『成年後見における意思の探求と日常の事務』日本加除出版、2016年、79頁。
15) 札幌高決平成13年5月30日、『家庭裁判月報』53巻11号、112頁。
16) 前掲注9の41頁。
17) 前掲注12の17頁。
18) 任意後見契約締結時の本人の意思能力の有無が争われる事案があり、任意後見契約の無効が認められた事例がある（東京地判平成18年7月6日、『判例時報』1965号、2007年、75頁）。
19) 法務省「登記統計　統計表」(http://www.moj.go.jp/housei/toukei/toukei_ichiran_touki.html) 参照。
20) 申立人には本人、配偶者、4親等内の親族、任意後見受任者が含まれ、本人以外の申立の場合は本人の同意が必要とされている（任意後見4条1項3項）。
21) 締結された任意後見契約が活用されない理由について、前掲注12の58頁以下に指摘がある。
22) 赤沼康弘「日本の成年後見制度の概要と特質」新・アジア家族法三国会議編『成年後見制度』日本加除出版、2014年、34頁。
23) 新井誠・赤沼康弘・大貫正男編『成年後見法制の展望』日本評論社、2011年。
24) 前掲注12の3頁。
25) 前掲注12の19頁。
26) 最高裁判所事務総局家庭局「後見制度支援信託の利用状況等について」(http://www.courts.go.jp/vcms_lf/20160518 sintakugaikyou_h27.pdf) 参照。

第7章

高齢者の
資産管理のあり方を考える

加齢に伴い認知機能が低下すると、最初に衰えを見せる分野の1つが、金融取引に関係する能力だとも言われる。預金の出し入れ、証券投資、保険の加入など金融取引には色々あるが、いずれも、当事者が自分で合理的な判断を下せることが前提となっている。これが不可能とみなされた場合は、第6章で解説された成年後見制度を利用することになるが、難しいのは、そこに至るまでの間、どのような金融サービスを提供すれば高齢者とその家族にとって最善と言えるのかである。

　本章では、高齢者の資産管理をめぐる課題について整理する。その際、日常的なお金のやり取りに比べ、より中長期的な取り組みであり、また、より複雑でもある金融資産の運用・管理にフォーカスを当てる。その分野において若干議論の先行している米国の動向などを参照しつつ、今後求められる取り組みについて考察したい。

1　高齢者に偏る日本の金融資産

　まず、高齢者による金融資産の保有状況を確認する。

　日本の家計金融資産は、2016年9月時点で1752兆円だった。その半分以上の52%が現預金で、30%が保険商品、15%が株式や投資信託といった有価証券だった。

　金融資産の年代別の分布を見ると、図表7-1左にある通り、60歳以上の世代が貯蓄の6割以上を保有している。人口分布では、60歳以上は全体の約3割なので、金融資産の保有は高齢者に偏っていることが分かる。もっとも、長期間にわたり資産形成を行っている分、高齢世代の方が若年世代よりも多額の資産を保有するのは自然なこととも言える。

　有価証券だけを取り出して見ると、7割以上を60歳以上が保有している（図表7-1右）。すなわち、金融資産全体よりも偏りが大きい。これは、若年世代に比べて高齢世代の方が、保有する金融資産に占める有価証券の割

図表7-1　家計金融資産の年代別分布

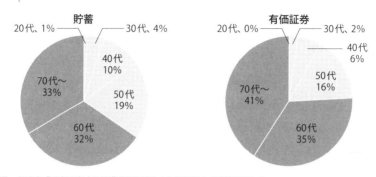

(出所)　総務省「平成26年全国消費実態調査」より野村資本市場研究所作成。

合が大きいことを意味する。実際、30代は資産の4割が普通預金など流動性の高い資産で、有価証券は7%にとどまるが、60代になると流動性資産が2割で有価証券が15%と、それぞれ半減・倍増する[1]。

　証券投資には、一般に、投資可能期間の長い若年世代の方が、価格が下落しても回復する時間を長く持っているので価格変動を伴う資産に投資しやすいという考え方があるが、実態は異なるようである。むしろ、子育てや住宅取得といったライフイベントが一段落して、まとまった投資を行う気になるのは、人生の後半以降ということなのかもしれない。

　証券会社の自主規制機関である日本証券業協会（日証協）が毎年実施している個人投資家意識調査でも、回答者の56%を60歳以上が占めるなど（2016年調査）、高齢投資家の存在感は大きい。このことは、日頃あまり意識されていないかもしれないが、高齢者の資産管理を考える際に、念頭に置いておく必要がある。

2 金融取引における「高齢者保護」の難しさ

　高齢者の金融取引に関してまず対応しなければならないのが、高齢者をいかに「不適切な取引」から保護するかであろう。その中には、いわゆる振り込め詐欺をはじめとする「特殊詐欺」の未然防止も含まれる。実際、特殊詐欺の被害者は圧倒的に高齢者が多い。年代別の被害状況を見ると、振り込め詐欺被害者の82%が60歳以上で占められており、未公開株の売買勧誘等を含む金融商品等取引名目詐欺だと93%だった（2015年）[2]。これらの被害防止には、警察を中心に、家族や金融機関との連携を通じて取り組みが進められている。

　詐欺のような極端な事態を除くと、何が高齢者にとって「不適切な」取引なのか、区分することが難しくなってくる。一般に、加齢と共に記憶力や理解力が低下するとしても、高齢投資家が行いたいという取引を他者が不適切であるといった理由でやめさせるのは、個人が自分の資産を自由に扱う権利を制限することになりうるからだ。

　そのような中、証券業界は、2013年に高齢者の証券取引に関する新たなルールを導入した。日証協の策定した規則及びガイドラインにより、証券会社は、高齢顧客への勧誘による金融商品の販売を、通常の場合に比べ慎重に行うことを求められることとなった。

　日証協の規則及びガイドラインは、証券会社に対し、高齢顧客に関する社内規則を制定し、高齢顧客の定義、勧誘留意商品の選定、勧誘の手続き、約定後の連絡、モニタリングなどを行うことを求める（図表7-2）。

　高齢顧客は75歳以上を目安に定義されている。金融商品は、高齢顧客向けに勧誘可能な商品と、勧誘を留意すべき商品に分類される。証券会社は、営業職員が高齢顧客に対し勧誘留意商品の勧誘を行う場合について、支店長・課長など役席者の事前承認を含めた手続きや追加的な条件を定める必要がある。役席者は、電話や面談などで高齢顧客に自ら接触して、顧

図表7-2 高齢投資家の勧誘による取引に関するガイドライン（概要）

(1) 社内規則の制定	協会員は、高齢顧客に有価証券等の勧誘による販売を行う場合には、当該協会員の業態、規模、顧客分布及び顧客属性並びに社会情勢その他の条件を勘案し、高齢顧客の定義、販売対象となる有価証券等、説明方法、受注方法等に関する社内規則を定め、適正な投資勧誘に努めなければならない。 （「協会員の投資勧誘、顧客管理等に関する規則」第5条の3）
(2) 高齢顧客の定義	75歳以上を目安として高齢顧客を定義 80歳以上を目安としてより慎重な勧誘による販売を行う必要がある顧客を定義 事情により、担当役員等の承認を得て、本ガイドラインの対象外とすることも可能
(3) 勧誘留意商品の選定	「勧誘可能な商品」と「勧誘留意商品」の範囲を選定 「勧誘可能な商品」の例 ・比較的価格変動が小さく、仕組みが複雑でなく、換金性が高い商品 ・周知性の高い商品、時々刻々価格が変動する商品 「勧誘留意商品」の勧誘による販売には、役席者による事前承認が必要であることを社内規則で規定
(4) 勧誘の手続き	役席者自らが高齢顧客との面談（電話を含む）により、勧誘の適正性を判断
(5) 約定後の連絡	80歳以上（目安）の高齢顧客には、担当営業員とは別の者から約定結果を連絡
(6) モニタリング	高齢顧客に対する社内規則の順守状況についてモニタリングを行う

（出所）　日本証券業協会資料より野村資本市場研究所作成。

客の状況把握に努めなければならない。80歳以上の顧客についてはさらに、勧誘当日の取引受注の制限、営業担当者ではなく役席者による受注、営業担当者以外が約定の報告を行うなど、複数の人間が関わることにより入念なチェックを行う必要がある。

　この規則のベースとなっているのは、投資勧誘全般に適用される「適合性の原則」である。適合性の原則とは、証券会社が個人に対する投資勧誘を行うにあたり、その取引が顧客の知識、経験、投資目的、財産状況に照らして適当かどうかを確認し、不適当と思われる場合は勧誘してはならないとするルールである。

　例えば、初めて投資を行う人に対して過度に複雑な商品を勧めるといっ

た行為は、適合性原則に反する可能性がある。証券会社の投資勧誘には、もともと、その取引が顧客にとって適切かどうかを判断するという行為がビルトインされていると言える。

その上であえて高齢顧客にフォーカスしたルール策定に踏み切った背景には、加齢による心身機能低下の可能性に加え、高齢者には新たな収入の機会が少なく保有資産が今後の生活費であることも多いと考えられることや、過去の投資経験が豊富な顧客で勧誘時点における理解も十分と思える顧客が、数日後に取引を全く覚えておらず、本人やその家族から苦情の申立がなされて訴訟等になるケースが生じているといった実情があった。追加的な要件の導入により、高齢者を保護すると同時に、業者自身が不本意な批判を受ける事態を未然防止しようとしていることが見て取れる。

ただし、このルールが適用されるのはあくまでも証券会社が投資を勧誘する場合であり、高齢顧客自身が具体的に商品や取引数量等を指定し購入する場合は該当しない。すなわち、高齢者が、自分にとって不適当な取引を自ら行ってしまう事態を防止する効果はない。また、インターネット取引は、投資勧誘に相当する要素を伴わない限り、適用外となる。

もう1点、目を引くのは、高齢顧客を75歳という年齢で区分していることである。第2章の記述からも明らかなように、同じ年齢でも、高齢者のコンディションは大きく異なりうる。80歳で従前と変わりなく活動的な人もいれば、70歳でも投資判断力に衰えを見せる人もいる。また、認知機能低下は徐々に進行することが多く、74歳11カ月と75歳で顧客の状態が大きく変わるわけでもない。

証券取引の勧誘において、顧客の投資目的などに関連して年齢を勘案することは、従来適合性原則のもとで行われてきたことであり、営業職員も相応の経験値を有する。しかし、認知機能低下に代表される医学的な要素については、未知の領域と言わざるを得ない。

そのような中で、年齢は確かに客観的であり、年齢で区分することから来る問題を認識しつつも、他に適当な基準が見つからないというのが実情であろう。換言すると、年齢以外にも客観的なファクターを加味すること

が技術的に可能になれば、より洗練された高齢顧客対応が展望できるのではないだろうか。医学と金融のコラボレーションが期待される分野の1つである。

例えば、第2章で紹介された財産管理能力アセスメント・ツール（FCAT）や財産管理能力の検査（FCI）が利用可能となったり、遠隔による認知機能評価が高度化していけば、金融機関の店頭における対応の医学的な客観性が強まると思われる。あるいは、第3章の、ウェルビーイング・プラットフォームを通じた人工知能（AI）による資産運用サポートが現実のものとなり、本人の活動履歴に基づき、通常の運用行動から大きく外れた場合にストップをかけるといったことが可能になれば、さらにきめ細かい対応につながりうる。

もっとも、仮に、高齢顧客の財産管理能力低下に関する診断やAIのアシストによる取引停止が実現したとして、金融機関が実際にどのように対応するべきかは、倫理的・道義的な問題も関わり、慎重な判断が求められるであろう。金融機関、本人、さらにはその家族も含めて納得のいく対応とは何か、業界標準や一定の法的な枠組みが必要なようにも思われる。

さらに、そもそも、高齢者の資産管理のあり方全般を考えるにあたり、高齢者を保護することのみに注目するのは課題の片面しか見ていないと言っても過言ではない。私たちの老後を取りまく環境が大きく変わろうとしているからである。

3　台頭する高齢期の資産管理という課題

前述の通り、高齢世代は若年世代に比べ多くの金融資産を保有している。それ自体は何ら不自然なことではないし、特段新しい現象でもない。私たちが直面する課題は、多分に、少子高齢化の進行により、老後の過ごし方について従来通りの前提を置けなくなってきたことに起因する。その

最たるものが公的年金を含む社会保障制度である。

　第1章で指摘されている通り、日本の社会保障制度は、世代間の支え合いを基本理念とする。公的年金は、基本的に現在の現役世代の納める保険料で現在の高齢世代の給付を賄う賦課方式をとっており、急激な少子高齢化の進行は財政難につながる。これに対応するべく、2004年の公的年金改革では「マクロ経済スライド」と呼ばれる自動的な給付抑制措置が導入された。その後の景気低迷やデフレなどにより想定通り実行されずにいるが、いずれにせよ、公的年金の役割の後退は避けがたい状況にある。

　したがって、より多くの国民が老後の所得確保のための資産を自分で準備し、引退後はその資産を元手に余生を生きていくことになる。これまでも老後のための貯えは行われてきたが、その重要性が一層増すと同時に、より洗練された手法が求められるということである。

　現役時代の資産形成は、端的に言うと「いかに資産を増やすか」をめぐる問題だったが、引退後の資産管理は「運用」と「取り崩し」の2つの要素に分解できる。従来の感覚は、引退すると収入がないので安全資産での運用に限定するのが順当というものだったであろう。具体的には、元本割れを起こさないよう、銀行預金を中心にするべきだという考え方になる。しかし、日本は長期にわたる低金利の末、ついにマイナス金利に突入した。物価動向を見る限りはデフレあるいは低インフレが続いてきたので、運用により資産を増やす必要性をさほど感じないかもしれないが、老齢期の最大の支出項目となりうる医療と介護の制度は、年金と同様に少子高齢化の影響が多大である。

　公的医療保険及び介護保険の制度を維持するためには、余力のある高齢者の自己負担を拡大せざるを得ない方向であり、医療・介護従事者不足を緩和するためには在宅での介護が求められていくと見られる。そうなれば自宅のリフォームなどの必要が生じ、費用もかかるであろう。これらのコストを吸収するための備えは自ら行う以外になく、そうなると物価が上がらなければ利回りがゼロでもかまわないというほど単純な話ではなくなってくる。

図表7-3　資産枯渇回避の重要性

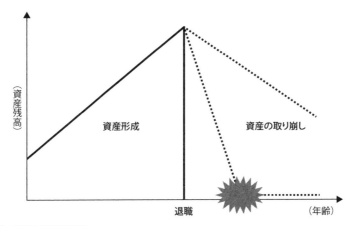

(出所)　野村資本市場研究所。

　要するに、引退後も一定程度の運用を継続しながら、適切なペースで資産を取り崩し、医療・介護を含めた必要な経費を賄っていくことが各人に求められてくる。すなわち、資産を「運用しながら取り崩す」という作業である。その際、難しいのが、「取り崩す」という部分において、人は自分が何歳まで生きるか分からないことだ。余命が伸びるのは素晴らしいことだが、不確実性をもたらすのも事実であり、「長寿リスク」とも呼ばれる。

　長寿リスク対応でまず想起されるのが、終身にわたり給付を保証する公的年金だ。強制加入なので、長寿の家系の人しか参加しないといったバイアスもかからない。従来は、最後は公的年金と家族のサポートを当てにすれば良いという感覚だったのも事実であろう。しかし、繰り返しになるが急激な少子高齢化に見舞われる日本の経済・社会環境変化のもとでは、今後は両者とも依存するのが難しくなっていく。引退後の資産管理には、途中で資産枯渇を起こさないようにするという、長寿リスク対応も含まれることになる（図表7-3）。

　これらの論点は、現在の現役世代がいずれ引退した時のことにとどまら

ず、すでに引退している世代にも当てはまる。貯めてきた資産を有効活用すれば、今後、公的年金の給付抑制が進んだり、医療・介護の自己負担の増加を求められたりしても、対応する余地が増えるはずである。

翻って、金融機関は、引退後の資産管理をサポートするような商品、サービスを提供することで、個人、家族、そして社会全体に対しても多大な貢献ができるはずである。同時に、自らのビジネス機会を拡張し、高齢社会における活躍の場を得ることにもつながる。そのヒントをさぐるべく、次節で、議論が先行している米国の動向を概観する。

4 米国で進化する高齢者向け金融サービス

米国でも、近年、高齢期の資産管理のあり方が重大な課題として認識され始めている。日本に比べて高齢化の水準が低く進行スピードも緩やかな米国であるが、本格的に取り組まざるを得ない事情を抱えている。

まず、日本の団塊の世代に相当するベビーブーマー世代（1946～64年生まれ）が続々と引退していくことである。この世代は約7500万人に上り、時代のトレンドを牽引してきた実績を持つ。日本のような定年制がないとはいえ、第一陣は引退年齢に突入しており、彼らの老後の「成否」は社会的なインパクトも含めて重視せざるを得ない。

また、証券投資が一般国民の間に浸透している。投資信託業界団体である投資会社協会によると、約44％の家計が投資信託を保有している（2016年調査）。人口が高齢化すれば投資家も高齢化するのは日米共通だが、米国では一部の富裕な人々の問題ではなく、多数の一般市民を巻き込む課題となりうる。

さらに、米国では1980年代以降、確定拠出型年金が普及し、一般の個人の間に、老後のための資産形成が定着していった。確定拠出型年金は、加入者ごとに個人勘定が設定され、そこに拠出した資金を各人が長期運用

して資産形成を行う。個人が拠出、運用、給付に関する意思決定を行うことから自助努力の色彩が強い年金制度と言われる。米国では、伝統的な確定給付型企業年金が過去30年間で着実に縮小しており、代わりに確定拠出型年金が拡大してきた。今後引退していく人々の多くが、公的年金と確定拠出型年金を主たる収入源として老後を過ごすことになると見られている。

米国の公的年金は決められた金額が終身にわたり支給されるが、確定拠出年金の資産を引退後にどう活かすかは本人次第である。ベビーブーマー、証券投資の普及、年金制度の変化という3つのトレンドが重なり合い、米国では、終身にわたる資産管理を継続しなければならない高齢者が、今後大量発生すると予想されている。

このような背景の下、米国では、引退後の資産管理のあり方をめぐる議論が、2000年前後から一部の金融サービス業者の間で行われ始めていた。金融面だけを捉えたサポート提供では不十分で、例えば、第一線を退いた後に社会とどう関わっていきたいか、自宅に住み続けたいか等々、「どう生きたいのか」を踏まえた上で、それらを支えるためのファイナンシャル・プランニングを提案する総合的なアプローチが必要であると考えられた。

プランニングを具体化するためのプロダクト開発も進められた。その際、1つの主眼となったのが、「何歳まで生きるか分からない中で、いかに資産の枯渇を回避しつつ、適切なペースで資産を取り崩せば良いのか」という課題に対するソリューション提供だった。

給付保証を求めないのであれば、投資信託が候補の1つとなる。例えば、定期的な分配金の支払いを目指す投資信託である。分配金の額は変動するが、運用しながら取り崩すペースメーカーとして機能しうる。ちなみに、日本の毎月分配型投信も同様の用途に当てることが可能かもしれない。

保証は相応のコストを伴うが、その上で給付保証を求めるのであれば、保険商品を活用することが考えられる。例えば、一定期間、あるいは終身にわたり一定の給付を保証する年金保険である。固定額の給付を約束する

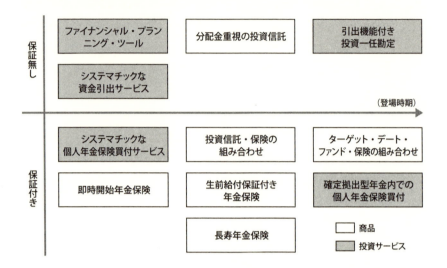

図表7-4 引退後の資産管理をサポートする商品・サービス概念図

(注) ターゲット・デート・ファンドは、株式・債券への分散投資を基本に、特定の目標年に向けて運用リスクを低下させていく投資信託。
(出所) 野村資本市場研究所。

定額年金保険や、保険料の運用実績により年金額が変動する変額年金が考えられる。

　長寿リスク対応に特化した年金保険もある。長寿年金と呼ばれ、給付開始が85歳など高齢期であること、終身年金であること、保険料の払い込みから給付開始までに15年、20年といった長い期間が設定されていることが特徴である。高齢期からの終身給付なので、利用者は相応に長生きしない限り恩恵を得られないが、給付開始以降の資産枯渇の心配がなくなり、運用しながら取り崩す作業に期限が設定されシンプルになる。他方、保険会社は給付開始までの間、払い込まれた保険料を運用することができるので、その分保険料を低く設定することができる。

　2000年代の米国では、様々な金融サービス業者により、上記のような、引退後の資産管理のサポートのための商品・サービスが打ち出された（図表7-4）。個人の意思決定をサポートするファイナンシャル・プランニン

グ・ツールや、投資信託と長寿年金をパッケージ化した商品、資産の取り崩しを支援する口座サービスなどが投入された。引退後の定期的なインカム提供を目指す、分配金重視の投資信託も登場した。ただ、それらの試みの多くは、2008年のリーマンショック後の混乱の中で、本格化する前に頓挫してしまった感も否めない。

年金保険については、経済合理性の割には活用が進んでいないとも言われている。いったん保険料を払い込むと不利な条件でしか中途解約することができないので資産の流動性とのトレードオフが生ずること、手数料も含む保険料の設定根拠が分かりづらく不透明感があること、購入時点にたまたま市場金利が低いと同じ保険料で得られる給付の金額が低くなること、何十年にもわたる長期間の契約であり保険会社が破綻する懸念も無視しえないことなどが理由として指摘されるが、1つの「謎」と捉えられているようである。

高齢期の資産管理に対するニーズは、中長期的には着実に増大すると見られており、金融サービス業者による試行錯誤が続けられている。ただ、「これがスタンダード」といったソリューションの開発は難しいのではないかという認識が共有され始めているようである。

5 金融ジェロントロジーの時代

高齢者の資産管理において有用な商品・サービスの追求が進められる一方で、2010年代に入ると、加齢に伴う認知症有病率の上昇など、高齢者の心身機能の衰えをめぐる問題が従前に比べて注目されるようになってきた感がある。高齢者は金融詐欺や不正のターゲットになりやすい、金融サービス業者が高齢顧客対応に苦慮するといった課題も含まれ、内容は基本的に日本と共通するところも大きい。

そのような中、米国では金融サービス業者のアプローチが、従来であれ

図表7-5　生命寿命・健康寿命・資産寿命の伸長

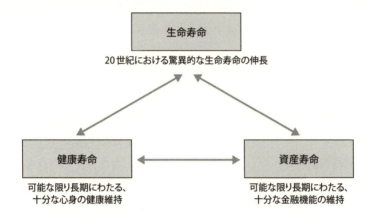

（出所）　Cutler, N. E. et al., *Aging, Money, and Life Satisfaction: Aspects of Financial Gerontology*, 1992 より野村資本市場研究所作成。

ば交流のなかったような専門家や組織との連携も含めて、より幅広い角度から高齢者の資産管理をサポートする方向に展開しているように見受けられる。以下でそれらの動向を「金融ジェロントロジー」という概念を用いつつ整理したい。

　金融ジェロントロジーとは、「ジェロントロジー」と金融が交差する学問領域である。ジェロントロジーは、生物学、医学、保健、介護、教育、心理学、社会学、テクノロジーなど多岐にわたる分野にまたがり、老齢期及び老齢化のプロセスを学際的に捉える学問分野を指す。老齢期が多くの人々にとって人生の長期にわたる部分を占めるようになったこと、人口高齢化と共に社会全体への影響力が増大したことなどが、このようなアプローチの重要性が増す背景として指摘できる。

　金融ジェロントロジーは、ジェロントロジーの複数分野にわたる研究に立脚しつつ、「資産寿命」（ウェルススパン）の問題と、個人及び家族の願望についての理解を深めようとする。資産寿命とは「資金面の制約なく生活できる期間」である。金融面のウェルビーイングと金融面の安全（セ

キュリティ）の確保が重要となる（図表7-5）。

　近年、「健康上の問題で制限されることなく日常生活が送れる期間」である健康寿命を伸ばして生命寿命との差異を縮めることが重視されているが、金融ジェロントロジーにより3つ目の寿命として資産寿命が追加される。すなわち、健康寿命と同様に資産寿命を伸ばして、生命寿命と限りなく一致させることが重要となる。健康寿命と資産寿命は相互に関連しており、共に老後の生活の質（QOL）に多大な影響を及ぼす。

　金融ジェロントロジーは、1980年代末にすでに学術分野として登場していた。21世紀を見据えた長期的な課題設定だったと言える。その後、前述の通り、一部の金融機関により顧客のニーズを若干先取りする形で、部分的にせよ議論されてきた。もっとも、金融サービス業界で金融ジェロントロジーという用語が普及しているとは言い難い。大手証券会社のバンクオブアメリカ・メリルリンチが「金融ジェロントロジー担当」を設置したり、米国金融ジェロントロジー研究所（AIFG）が、登録金融ジェロントロジストという資格を認定・運営しているといったところである。

　ただ、学際的・包括的な取り組みが重要であるという認識は共有され始めており、金融サービス業者と大学等の学術機関との提携なども始まっている。AIFGはノース・カロライナ大学がパートナーとなって運営されており、マサチューセッツ工科大学、スタンフォード大学、南カリフォルニア大学などが金融サービス業者との提携先としてしばしば言及される。

　また、証券会社等の業界団体である米国証券業金融市場協会（SIFMA）はシニア投資家をめぐる諸課題について議論する年次カンファレンスを開催しているが、2014年から3年連続で、神経科学、心理学、老年科などの分野から医学者や医療関係者を講師に招いている。彼らの知見を業界全体で取り込もうという考え方が見て取れる。

　資産寿命の伸長に向けて、具体的には何が必要になるだろうか。前述の通り試行錯誤中ではあるが、「どう生きたいか」のライフ・プランニングとそれを支えるファイナンシャル・プランニングの最後の部分において、心身機能低下により本人だけではどうにもならない状況に備えることの重

図表7-6　高齢者の総合的な資産管理（イメージ図）

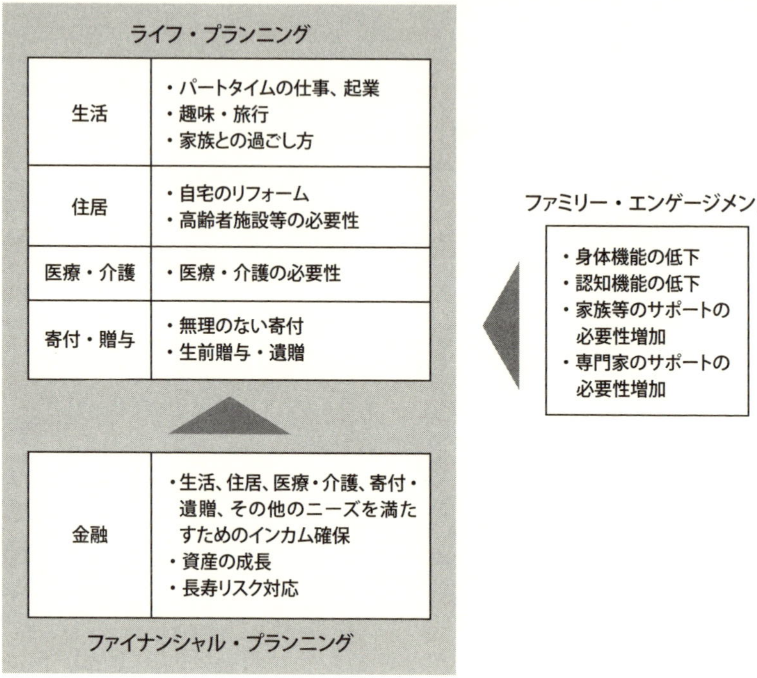

ライフ・プランニング

生活	・パートタイムの仕事、起業 ・趣味・旅行 ・家族との過ごし方
住居	・自宅のリフォーム ・高齢者施設等の必要性
医療・介護	・医療・介護の必要性
寄付・贈与	・無理のない寄付 ・生前贈与・遺贈

ファミリー・エンゲージメント
・身体機能の低下
・認知機能の低下
・家族等のサポートの必要性増加
・専門家のサポートの必要性増加

金融	・生活、住居、医療・介護、寄付・遺贈、その他のニーズを満たすためのインカム確保 ・資産の成長 ・長寿リスク対応

ファイナンシャル・プランニング

（出所）　野村資本市場研究所。

要性が認知されてきた感がある。そのような状況下では、家族や専門家によるサポート、エンゲージメントが必要不可欠となる（図表7-6）。

　したがって、円滑にサポートを受けられるよう、事前の準備が重要になってくる。例えば、高齢者自身が、金融及び医療関連の重要情報を整理しておき、自分が意思決定を下せなくなった場合に、誰にどのような権限を委任したいのかを、事前に設定し関係者に周知しておくといったことである。

　米国には3800万人の会員を擁し、高齢世代の課題について情報発信や政策提言を行うAARPという非営利組織がある。高齢者の資産管理はAARPの主要な関心事項の1つであるが、事前の準備について具体的な必

要項目を挙げ、このような親子間で切り出しにくい話題についてのイニシアチブを取るのは親世代の役割であるとした啓蒙書を出している[3]。

金融サービス業者の観点からも、配偶者や子供など、高齢投資家の家族との連携確保が必要不可欠となる。家族が遠方に住んでいる場合などには、日頃の接点が多い金融機関の営業職員が家族よりも先に高齢顧客の異変に気づくようなことも起こりうる。ただ、加齢に伴う機能低下というのはデリケートな話題であるだけに、顧客と円滑にコミュニケーションを取るためにも、営業職員がある程度老齢化のプロセスや高齢者のコンディションについて知識を装備することができれば大きな助けになる。大学等との提携やSIFMAのカンファレンスへの医療関係者の招聘は、そのような実態を踏まえた動きと理解できる。

資産寿命の伸長に資するソリューションのキーワードは「事前設定」ではないだろうか。事前に保険料を払い込み将来の給付を確保する年金保険も1つの方法であるが、それ以外にも投資一任口座や信託といった金融サービスを活用することが考えられる。これらのサービスにおいて予め資産の目的や権限の委任先を明示しておけば、詐欺被害の防止はもとより、本人が自分の従前の意思に反するような行動を取ってしまうことの未然防止にもつながりうる。

6 日本における金融ジェロントロジー

日本の高齢者の資産管理に、金融ジェロントロジーの考え方を適用すると、医学等の金融以外の分野の専門家との提携による金融サービス業者の対応力向上、高齢者とのより優れたコミュニケーションに基づく資産管理の継続、それによる資産寿命の伸長といった展開を考えることができるだろう。認知機能を判定する新たな医療技術や、保健医療プラットフォームなども、積極的に取り込んでいく姿勢が望まれる。

心身機能低下の可能性を踏まえた「事前設定」を行うことが、高齢投資家及び家族と金融機関とのトラブル防止といった防衛的な理由にとどまらず、より有効な資産管理のサポート提供という観点からも鍵を握る。家族との連携を強化することの意味合いも広がってくるだろう。

　事前設定を重視する観点からは、成年後見制度において、任意後見制度の活用を後押しするような方向で、支援体制の充実を含む制度運用の改善を行うことが有意義かもしれない。第6章によれば、本人の意思の尊重や残存能力の活用が可能な任意後見制度の方が、法定後見制度よりも優先される。しかし実態は、19万件の申立のうち15万件が法定後見制度の成年後見で、任意後見は二千数百件にとどまる。

　さらに踏み込むなら、後見人による資産管理のあり方にも、再考する余地が出てくるのではないだろうか。第6章で紹介されている通り、後見人による財産管理は、あくまでも保全であり、資産運用の考え方が入り込む余地は乏しい。また、さらに厳格に裁判所による資産保全を行う制度として後見制度支援信託があり、その場合は金銭信託による管理が行われる。しかし、事前の計画設定があれば、運用の継続も含めた資産管理というアプローチの方が、被後見人の意思の尊重も含めて、より適当であるケースも考えられる。

　実は、米国では、後見人が被後見人の資産管理を行う際、「プルーデント・インベスター」（思慮深い投資家）として行動することが求められている。後見人は、被後見人により資産管理を委託されたフィデューシャリー（受認者）であり、フィデューシャリーは受益者にとっての最善の利益を考えて行動する義務を負う。フィデューシャリーに求められる行動原則の1つがプルーデント・インベストメントである。

　米国のプルーデント・インベスター原則のもとでは、資産の分散投資が重視されている。株式は高リスクなので不可、現預金が安全なので可といった個別判断ではなく、資産全体において適切なリスク管理ができているかが問われる。また、本人の従前の意思の尊重も求められる。これらを後見人自身が行うのが難しければ、専門家を雇って運用を委託してもかま

わない。事前の計画設定とプルーデントな投資を併せれば、本人と家族にとって最も納得のいく形で資産寿命を伸ばすことにつながる可能性がある。

急速な高齢化の進む日本では、高齢者が保有する金融資産の有効活用は、本人や家族のみならず、社会・経済全体における成長マネーの供給維持のためにも重要である。第1章で提言された、本人の認知機能低下で管理不能となった資産の公的ファンドは、他に行き場のなくなった場合の「ラスト・リゾート」の位置付けが適切と思われるが、そこに至る前に、個人と家族、さらには彼らをサポートする金融機関にできること、果たすべき役割は多いはずである。

また、今後社会保障の給付抑制が避けがたいこと、その際、所得格差と健康格差は相互に関連しており、所得水準・健康水準が共に低い人々の存在を念頭に置く必要があることも、第1章で述べられた通りである。別の見方をすると、これは、より多くの人々が、健康と資産両方の寿命を伸ばす好循環に入ることができれば、本人にとって幸せなだけでなく社会保障制度への負荷の抑制にもつながることを示唆する。金融ジェロントロジーの概念のもとで、日本の実情を踏まえつつ、幅広い観点からの議論を展開する意義は、米国以上に大きいのではないだろうか。

(野村亜紀子)

[注]
1) 総務省統計局「平成26年全国消費実態調査」(http://www.stat.go.jp/data/zensho/2014/)。
2) 警察庁「平成27年の特殊詐欺認知・検挙状況等について(確定値版)」(https://www.npa.go.jp/sousa/souni/hurikomesagi_toukei2015.pdf)。
3) Prosch, T., *AARP The Other Talk: A Guide to Talking with Your Adult Children about the Rest of Your Life*, McGraw-Hill Education, 2014.

第8章
グローバル化の中での日本の高齢化問題
―― 現下の課題と将来への希望と機会

英国の首相で、ドイツ軍に敗北寸前まで追い詰められながら最終的に勝利に導いた政治家のウインストン・チャーチルの名言は、いくつか日本でも知られている。その中の1つ「悲観主義者はあらゆる機会（チャンス）の中に困難を見出すが、楽観主義者はあらゆる困難の中に機会を見出す」、この言葉は、今を生きる私たちを大いに勇気づけるものであると思う。それはなぜか。日本は、多くの疾病を克服し、生活環境などの改善と相まって、世界トップクラスの平均寿命（男性80.79歳、女性87.05歳；2015年）を享受している。それを可能とした国民皆保険や医療技術そして献身的な医療人材は私たちが世界に誇る資産である。

　しかし、その素晴らしい成功の結果、人口における高齢者の割合は26.7％と世界最高となり、それは今後も上昇し、高齢者が増えるということは、いずれ亡くなる方も増える。一方で、子供の数は減る。言い換えれば少産多死社会であり、その行き着く先は人口が毎年減少する衰退社会となる。その過程で、数多くの高齢者を、すっかり縮小した勤労世代が支えきれずに医療や年金制度が崩壊し、国土や社会や人と人の絆が次々と崩壊していくのではないか。

　たしかに、これらの悲観的な言葉から、明るい未来は、描きがたいと思うが、本当に、私たちの将来は暗澹たるものなのだろうか。それをチャーチルが言う楽観主義者の目から見ると風景は全く違って見えてくるのではないか、私たちは機会をチャンスではなく問題として見る罠に嵌っているだけではないかとの見方もでてくる。実は、チャンスに満ちた時代が私たちの前に広がっており、楽観的見方を根拠なき妄想に貶めないための知力と努力が今こそ必要ではないかというのが、本章で強調したいことである。

　少子高齢化は世界の趨勢で日本はそれに直面している課題先進国である。今後アジアで高齢化の第2、第3の波が起こっていく。そこで真っ先に少子高齢化した日本の経験や技術をビジネス化することで世界の市場を開拓して需要を取り込み、繁栄と平和の積極的貢献者になるという大きな機会が目の前にある。

1 世界の大きな流れの中で日本の健康問題を考える

1 日本は高齢化で世界の最先端を走る

　日本の高齢化は世界一と言われるが、それはどのような意味を持つのだろうか。国際保健と医療援助という言葉を耳にすることがあると思うが、今ではグローバル・ヘルスという言葉もよく使われている。その説明を含めて、世界の中での日本の健康問題を考えてみよう。

　百聞は一見に如かず。スウェーデン・カロリンスカ研究所のハンス・ロスリング（Hans Rosling）博士のTEDあるいはYoutubeの講演を聞かれてみると良い。ロスリング博士は、医師であり公衆衛生学者である。大学で教授を務める傍ら、ストックホルムに拠点を置くギャップマインダー財団で、公衆衛生統計をインタラクティブで楽しめるグラフィックに変換するという「見える化」によって「事実に基づいた世界観」を普及させることに情熱を傾けた方である。

　その成果が遺憾なく発揮されたビデオクリップはBBC（英国放送協会）によってインターネット上にアップされ、容易く見ることができる。BBC Fourが配信した「ハンス・ロスリングの200カ国の200年を4分間で見る：統計の喜び」[1]が代表的なもので、世界で700万回以上視聴されている。

　ロスリング博士は、図表8-1に示したように、横軸に人口1人あたりのGDP（ドル換算）、縦軸に平均寿命をとり、1810年から2010年までの200年の推移を動画4分で示された。

　1810年は全ての国が貧しく平均寿命は40歳以下だった。それが19世紀の産業革命を契機として西欧諸国では、急速に改善していくが、アジア、アフリカの植民地は取り残されていく姿が明らかになる。第1次大戦後もそのような傾向は続くが、アジアで唯一、日本の改善が始まる。しかし、健康改善が本格化してゆくのは、アジア、アフリカが独立を獲得した1970年代からである。結果、2010年の世界では、国の間の大きな格差は存在す

図表8-1 健康に、そして、豊かになる世界

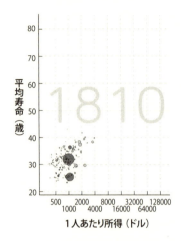
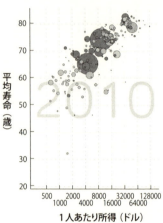

（出所）ギャップマインダー（https://www.gapminder.org/tools/）より筆者作成。

るものの、総じて世界は、健康に、そして豊かになっている。

　だからこそ、これからは健康格差を縮める努力をすれば世界の全ての人々が豊かさと健康を享受できるとロスリング博士は主張されるわけである。

　日本はと言えば、アジアで唯一独立を維持して近代化・工業化にも成功し、西欧諸国に一歩遅れながら健康と豊かさを充実させ、今や彼らを凌駕するに至っている。福澤諭吉が名著『学問のすすめ』で熱く語った「一身独立して一国独立する」が実践されたのである。

2 国連主導の開発目標とグローバル・ヘルス時代の到来

　事実、1970年から2010年までの40年で世界の平均寿命は58.6歳から70.5歳に12歳あまり伸び、バングラデシュでは24.1歳、イランでは21.3歳といった驚異的な伸びを見せている。BRICs諸国では中国、インド、ブラジルがそれぞれ16.3、17.8、14.1歳と世界平均を上回る改善であったのに

対して、ロシア、南アフリカのそれは0.8と1.5歳といったわずかな伸びにとどまっている。その理由は、旧ソ連邦崩壊に伴う医療システムの機能不全やエイズの蔓延によるものであるとされている。

たしかに、エイズの大流行をはじめ、感染症が途上国、特にアフリカ諸国で多くの命を奪っており発展から取り残されていた。そこで、国連は、21世紀の新事業として、2015年までのミレニアム開発目標（MDG）を2000年の国連総会で定め、8つの目標のうち3つ（小児保健（MDG4）、妊産婦保健（MDG5）、エイズ・マラリアなどの感染症（MDG6））を保健分野に振り向けることとした。

不健康と疾患の悪循環を断ち切って、社会経済開発を軌道に乗せようとしたのである。特に、9.11同時多発テロ以来、貧困がテロの温床で、貧困の原因は病気だとして、途上国の生産世代を蝕むエイズや結核を中心とする保健分野に資金が流れるようになり、国際保健分野の政府開発援助などの国際的な資金が急増した。保健分野への開発援助資金は2000年の107億ドルが2010年には282億ドルと年率10％の増となったのである[2]。

その中身であるが、国連機関の漸増を尻目に、JICA（国際協力機構）など既存の二国間援助機関の他、世界エイズ・結核・マラリア基金やGAVIワクチンアライアンスといった官民資金提供団体やゲーツ財団のような民間財団の伸びが非常に大きくなった。活動面でも、国境なき医師団（MSF）や様々なパートナーシップ（官民の団体が連合体を作り相互の強みを持ち寄って、独自の管理機構、事務局と予算を持って、例えば結核やマラリアなどの対策に協力し合う非営利国際組織）が活動するようになってきた。

そこで、昔は、国と国の「際」の保健という意味で、国際保健という言葉を使っていたわけであるが、資金面からも活躍する団体を見ても多様化している。上から目線で「援助してやる」という発想ではなく、地球規模の課題に共に取り組み学び合うという理念で、保健分野以外のセクターからの参加や新しい取り組みがなされるようになってきたのである。

このような背景の下、国際保健（International health）ではなくグローバル・ヘルス（Global health）という言葉が使われるようになってきた。ま

た、英語の語感としてGlobalには包括的なというニュアンスがあり、単一の疾患、例えばエイズ、結核、マラリアといった病気ごとに、一斉に何か予防・治療活動をするのではなく、もっと疾病横断的な取り組みを合わせて相乗効果を得るという方法論的進化も背景にある。

いずれにしても、潤沢な資金をテコとして、大きな改善が21世紀の初頭に見られたのである。サハラ以南のアフリカ諸国の平均寿命は50.3歳から56.3歳へ、2000年からの10年で6歳といった大幅な改善を見せている。これは、20世紀最後の10年における改善がわずか0.4歳であったことと対照的である[3]。

そのため、21世紀の最初の10年はグローバル・ヘルスの黄金の10年と言われ、WHO（世界保健機関）事務局長マーガレット・チャン博士の任期延長受諾演説（2012年5月）では、過去10年を「健康向上の黄金時代」（golden age of health development）と表した上で、「健康にとって最良の日々はこれからだ」（the best days for health are ahead of us, not behind us）との楽観的な見方を示している。

事実、米国疾病対策センター（CDC）は、世界の公衆衛生上の10大成果（2001～10年）として次の10項目を挙げている。①乳幼児死亡率の低減、②予防接種の拡大、③安全な水と衛生水準の向上、④マラリア対策の改善、⑤エイズ対策の改善、⑥結核対策の改善、⑦熱帯病対策の改善、⑧禁煙の推進、⑨交通事故の予防、⑩地球規模での健康危機管理体制の強化。これらが一番益するのは乳幼児と若年層であるため、平均寿命の改善に大きく寄与する。さらに、それは高齢者数の増加に結びついていくことになる。

一方で、グローバル化は、今までは僻地で人知れず小規模な感染が起こり、村人の多くが倒れることで収束していた熱帯病が一気に世界中に広まることを意味し、西アフリカにおけるエボラ出血熱は、私たちに多くの教訓を残している。グローバル・ヘルスの時代では、このようなリスクと背中合わせに、高齢化が進み、新たな考えや組織が生まれ、その「包括性」から様々な分野からの参入がありダイナミックに動いているのである。

3 世界の健康課題と日本の貢献の可能性

　では、世界の直面する健康問題はどのようなものか見てみよう。グローバル・ヘルスの課題と言うと、エイズなどの感染症や母子保健問題と答えそうであるが、それは一面の真実ではあっても、世界全体を見ると違った姿が見えてくる。

　図表8-2は、国の所得階層別に死因順位を示したものである。国民1人あたりのGDPが年間1000ドル以下の低所得国は、肺炎、エイズ、下痢などの感染症が中心だが、そこに居住するのは世界人口のうち8億人である。

　世界全体から見てみると、低位中所得国（1000〜4000ドル）と中位高所得国（4000〜1万2000ドル）に世界人口70億人のうち25億人ずつ、計50億人（70％）が居住している。そこでは、すでに心筋梗塞、脳卒中が主要死因になっており、日本の医療関係者の技術と医療製品がダイレクトに貢献できる世界となっている。

　また、高齢化すると病気や障害を持ちながら生きていくことが多くなる。そこで、医療政策を考える時には、死亡だけでなくて、障害調整生命年（Disability-Adjusted Life Year；DALY）といった考え方も考慮するようになっている。DALYは、早死によって失われた年数と損なわれた健康や障害のために失われた健康的な生活の年数を加えて計算する。WHOの推計によれば、今後2030年までにDALYが増加する病気としては、うつ病、心筋梗塞、交通事故、慢性閉塞性肺疾患、糖尿病、難聴などがあり、これらに日本人の医療従事者は精通している。

　このように見ると、世界の健康課題が感染症中心であった時代には、循環器疾患やがんに精通した日本の医療従事者の出番が少なかったものが、今や日常診療と同じ技術が国内外で使えるようになってきたのである。

図表8-2　国の所得別死因順位

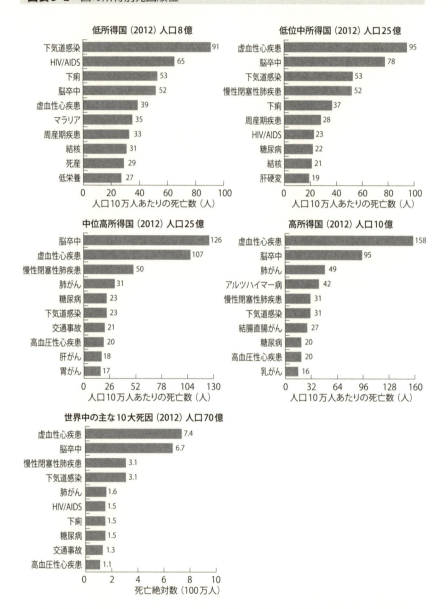

（出所）　中谷比呂樹「新たなグローバル・ヘルスのパラダイム」『保健の科学』58巻2号、2016年。筆者一部改変。

2　壮大な社会実験に取り組む日本

1 急激な人口の増減

　今、日本は本格的な超高齢化社会を目前に、様々な試みを行い、社会保障をはじめ社会システムを持続可能なものに作り替えようとしている。その必要性は図表8-3に示した日本人口の推移を見れば容易にご理解頂けるであろう。

　江戸時代の中期以来3000万人で推移してきた人口は、明治維新以降上昇に転じ、20世紀初頭には4500万人に達した。その後も増加を続け、21世紀初頭には、ピークの1億2800万人に達した後、急激に減少して、22世紀初頭には、4700万人になると推計されている。つまり、前後1世紀で2.8倍となり、次の1世紀で元に戻るという世界史上稀な人口の増減を経験することとなるのである。

　そして、私たちの健康や生活を守る様々な制度は、人口の増加期に制度設計されたものが多い。それらを列挙すると、国民皆保険・皆年金（1961年）、医療費の自己負担の大幅低減などの「福祉元年」（1973年）、老人保健法（1982年）、高齢者保健福祉推進十か年戦略（ゴールドプラン）（1989年）、介護保健法（1997年制定、2000年施行）などだ。

　基本的に、若者人口が高齢者人口よりはるかに多く、人口も国の経済も成長していた「右肩上がり」の時代である。また、この時期は、子供が減り高齢者の数は増えていったが、その和である被扶養人口（14歳以下人口と65歳以上人口の和）の対生産人口（15～64歳）に対する比率は、低い水準に長い間保たれており、それが生産年齢の活発な消費などに結びついて豊かな社会が実現されていった。

　しかし、今後は、生産年齢人口の減少と共に、様々な制度の持続可能性が問われる事態となっている。すでに国の借金と称される国債残高が1000兆円を超えた今、改革抜きに制度が維持できるとは誰も思っていない。一

図表8-3　日本人口の推移

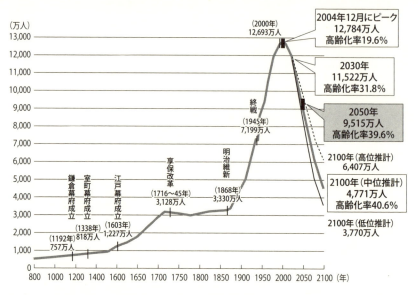

（出所）　国土審議会政策部会長期展望委員会「『国土の長期展望』中間とりまとめ　概要」2011年（http://www.mlit.go.jp/common/000135837.pdf）。

方で、これからの技術革新は、肉体労働・比較的単純なオフィスワークの需要を減らすと考えられるので、生産人口減は、失業者を生まないという観点からは、むしろ奇貨であるとの見方もあるが、いずれにしろ、人口構成の大きな変化は、雇用をはじめとする社会経済にとって大きな挑戦となることは疑うべくもない。

2　様々な社会実験

このような事態に立ち向かうため、様々な試みがなされている。そのいくつかについて述べてみよう。医療については、高齢者は、医療保険を用いて様々な医療サービスを受けるので、高額になりがちな医療費をどう確保するかが問題となる。

保険と言う以上、健康な労働者の保険である組合管掌健康保険（組合健

保）よりも、多くの病弱者や高齢者が加入する国民健康保険の保険料が高くなるが、負担できる水準内でなければ無保険者が出て、かえって社会的コストが高くなる。そこで、様々な保険者間で財政調整を行い、支援を得たり、公費による補助がなされてきた。

しかし、医療費が急速に高額化する75歳以上が今後、急激に増えていくため、後期高齢者医療制度が2008年に設けられ、保険料1割、現役世代からの支援金4割、公費負担5割の財源負担のルールを定めて75歳以上の人々に対する医療費を確保している。ちなみに2013年実績では、被保険者数1544万人、医療費14兆1912億円、1人あたり93万円で後期高齢者以外の人の平均20万9000円の4.5倍となっている[4]。

次に、医療提供体制の改革も進められている。例えば、現在我が国には8493の病院が157万床のベッドを持っている。建前としては、患者の完治を目指す病床構成が主体となっており、地域の中で長期間身体の不都合を持ちながら在宅で生活する高齢者を支援するような対応ができる機能は未だ不十分だと言われている。

そのため、2025年の本格的な超高齢化社会の到来の前に、病院機能を再構成するといった都道府県単位の取り組みである「地域医療構想」が進められている。この計画によって、過剰となる急性期の治療病床や不必要な医療を提供しているのではないかと見られている療養型病床は、明確な機能をもった回復期や慢性期支援の病床に自主的に転換されていくことになる。

この取り組みの特徴は、2014年に成立した「医療介護総合確保推進法」に根拠を置きながら、都道府県のコーディネートのもと、関係者の自主的な取り組みを促進するというアプローチをとり、行政による規制から関係者の自主規制に期待していることである。東京都や大阪府といった都市部、逆に高齢化の進行が著しい青森県や高知県では、すでに作成が終わっているので、このソフトなアプローチは相当な効果をあげていると見ても良い。

最後に、予防面を見てみよう。かつて結核が国民病と恐れられ、多くの若者の命を奪っていたのはさほど昔のことではない。1950年までは死因の

1位で年間10万人を超える死亡者があった。この数は現在で言えば死因第2位の心疾患の半分程度の数である。このような状況に対して、戦後復興を妨げるとして重点的な予防対策と早期発見・早期治療がなされ、結核は減少に転じたが、1955年で死因第4位、1975年でも10大死因から脱落してはいなかった。しかし、勤労世代も次第に年を重ねて生活習慣病が重きをなすようになったため、結核で活用された検診システムは「成人病検診」に転用されるようになった。さらに、高齢化の進行と共に、予防対策もヘルシー・エージングや介護予防に進化している。

3 多方面への影響

また、高齢化への対応は、保健医療面に限られるものではない。様々な側面にも影響が表れる。事実、国際社会では、国連が15年ごとに世界全体の開発目標を定めている。2000年から2015年をカバーした、前述のミレニアム開発目標（MDG）では、低所得国を念頭に貧困の根源となる疾病対策に取り組んで成果を上げてきたが、次の2030年までをカバーする持続可能な開発目標（SDG）では、全ての国のための多彩な課題に取り組むこととして、課題間の相互関係を理解した上での課題横断的な取り組みを推奨している。

SDGで取り上げられている開発目標は次の17である。①貧困撲滅、②食料、③生涯にわたる健康と福祉、④教育、⑤ジェンダー平等、⑥水、⑦エネルギー、⑧経済成長と雇用、⑨産業化とイノベーション、⑩国家間の不平等是正、⑪都市と人間居住、⑫生産消費形態、⑬気候変動への緊急対策、⑭海洋資源の保全、⑮生態系の保護と生物多様性の確保、⑯平和で包括的な社会、⑰パートナーシップ。保健関係の目標はSDG第3目標にまとめられ、到達すべき指標には保健サービスの普遍的提供（Universal Health Coverage；UHC）やヘルシー・エージングを含んでいる。

したがって、高齢化の問題からSDGを見てみると、SDG③の他、経済困窮高齢者の問題はSDG①、女性の過剰な介護負担はSDG⑤、高齢者に優しい都市作りはSDG⑪といった具合で、日本の取り組みは世界的な枠組み

の中でも見事に整合性がとれているわけである。

ここに述べたような取り組みは、私たちにとっては、いずれくる本格的な少子高齢化への待ったなしの対応として行い、関係者も必要性を認めて努力を当たり前のようにしてきたことであるが、これから高齢化していく国にとっては、またとない社会実験として受けとめられてしかるべきであろう。このような経験を分析し、成功の条件、失敗の反省点を明らかにできるとすれば、多くの国にとって極めて有意義である。

3 将来への希望と機会

1 日本の高齢化市場の規模

それでは日本にはどのような挑戦ができ、個人としても、地域社会としても、国としても豊かな社会を実現するにはどうすれば良いのであろうか。まず、現状と将来展望について図表8-4を用いて述べてみたい[5]。

まず、主要なアクターとして考えられるのは、高齢者、高齢者サービス提供者と政府の3者であるが、その中核的価値は異なっている。政府は国民生活を安定させることによる政治的・経済的安定に重きを置くであろうし、サービス提供者は成長と利益を求めるであろう。高齢者は当然ながら幸せな老後を求めている。

そして3者は、社会保障給付、サービスの購入、社会保障経費の相当部分を負担する納税という関係で結ばれている。また、長い老後を経済的に豊かに過ごすためには投資による追加収入も重要な価値を持つ。そのためには、リタイア前からの金融リテラシー向上プログラムや投資リスク評価が高齢者にとってできやすい環境の整備が求められる。

ただ、急激な高齢化によりこの循環が破綻するのではないかとの懸念が広がっている。例えば、非常に高額ながん治療薬ニボルマブ（Nivolumab、商品名：オプジーボ）は、当初、少数の悪性黒色腫治療を目的として価格

図表8-4　高齢化をめぐる関係者の相互関係と市場規模

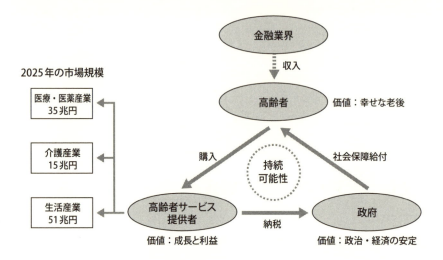

（出所）　みずほコーポレート銀行『みずほ産業調査』39巻2号、2012年の一部を改変して筆者作成。

設定されたが、その後、肺がんや腎がんにも効くことが分かり適応患者が拡大したため、保険財政への影響が無視できなくなった。医薬品の価格を下げるのか、既存の薬との優位性をより厳密に評価して使用になんらかの歯止めをかけるのか、患者と処方する医師にコスト感覚を持って頂くインセンティブをどう設定するかといった問題が一気に吹き出している。将来は、量から価値へという全体的な趨勢の中で、具体的には異なった価値体系をもつ当事者が納得する仕組みを築けるかが、待ったなしの課題である。

　しかし、高齢者サービスは、すなわち医療ではない。みずほ銀行の調査が例示しているのは、医療・医薬産業については、サービス（医師等人件費）、器具（診断機器、処置／手術器具）、医薬（治療薬、診断薬、予防薬）、施設関連費用（入院費用）。介護産業については、居宅介護（訪問介護、訪問看護、通所介護、特定施設入居者生活介護、福祉用具貸与等）、施設サービス（介護老人福祉施設、介護老人保健施設、介護療養型医療施

設)、地域密着型サービス(グループホーム等)。生活産業としては、食料、家具・家事用品、被服・履物、交通・通信、教養・娯楽など広範域に及んでいる。

　このように、高齢者の生活を支えるためには、様々なサービスが必要であり、高齢人口の増加はサービス対象者の拡大に結びつくため、より大きな市場規模が見込まれることになる。当然ながら医療・医薬品産業や介護サービスの需要が確実に伸びるが、生活支援関係のサービスの市場規模も大きくなってゆく。

2 人口の将来推計から見る世界市場のポテンシャル

　これは唯一日本だけの問題であろうか。少子高齢化の方向に向かっている世界の動向を見てみよう。世界の少子高齢化の動向を適切に把握することは、すなわち高齢化に関する産業の市場規模を予測する上で重要なことである。図表8-5の通り、世界の高齢者数は急上昇していくが、上昇カーブが急なのは、アジアである。ここでは60歳以上と80歳以上の高齢者数を見ているが、欧州にしても北米にしても増加はあるものの、アジアに比べて穏やかな伸びとなっている。それだけに、日本を取り巻くアジア地域は、世界の高齢者の多くが住む「ホーム」となる。

　しかし、この地域には、中国という人口大国があるため、増加率だけで見ると市場規模を見誤る恐れがある。例えば、2015年の75歳以上の高齢者数は、日本は1600万人であるのに対して、中国は4800万人とざっと3倍、ASEAN諸国も合計すると、日本と遜色のない1300万人という市場規模になっている。また将来を見ても、世界全体の高齢化の中では日本の人口規模はそれほど大きくないので、率としては「世界一の高齢化率」でも絶対数としては大きくはない。このことは、国内市場より海外市場が大きいことを意味し、日本国内に関連産業がとどまればガラパゴス化して衰退するが、外に打って出るとすれば大きな可能性があることを示唆している。

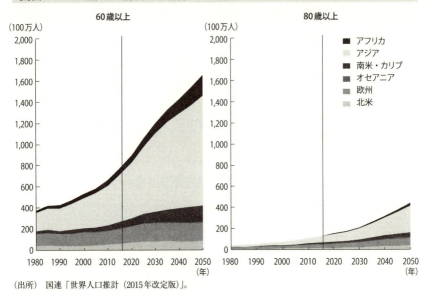

図表8-5 60歳・80歳以上地域別人口の推移（1980〜2050年）

（出所）国連「世界人口推計（2015年改定版）」。

3 イノベーションの役割

　また、技術革新（イノベーション）によって従来からの北米・欧州の市場の再開拓も可能となる。事実、日本は人口構造の変換期に大きな技術革新が医療分野で行われている。すなわち、合計特殊出生率が2を割り込むようになった1970年代には、少なくなりつつある子供を大切に育てるという観点から、今まであまり日が当たらなかった新生児医療技術が爆発的に進歩した。

　我が国で開発あるいは臨床医応用がなされた技術には、経皮酸素モニター、経皮的ビリルビン測定、高頻度人工換気装置などがあり、未熟児網膜症や脳性麻痺が予防されるようになったのである[6]。

　同様に、高齢化社会においては、衰える各種身体機能を再生・補完あるいは代替する技術や、慢性疾患へのテーラーメイドの予防を中核とする先制医療といった医療医術の爆発的な発展と共に、日進月歩ではなく秒進分

歩の進歩をとげているITを用いて、車両の自動運転や見守りなどのサービスを始めとする広範な社会イノベーションが期待される。ロボットスーツを着用すれば、筋力の衰えた高齢者でも介護サービスの提供者となりえ、介護ロボットの導入と組み合わせれば、すでに15％を超えている高齢介護者の貢献期間を延長して、介護者の不足を軽減することができる。また、生産年齢も延長することができ、農業人口の減少や高齢化への対応にもなる。

このような労働面でのイノベーションや、技術と社会の様々な規則を調和させる新たな取り組みも求められる。新しい分野を切り開き、私たちは、世界を先導する可能性の最先頭に立っているのである。

4　将来の日本と世界の共栄のために

それでは、どうすれば良いのか。まず、国内外を分けて考えるメンタリティーから脱却し、前進しなければならない。かつて、内外の保健課題は別個のものであり、日本の医療従事者のスキルも日本の医薬品・医療機器の出番も乏しかった。世界人口の多くが「途上国」に住み、熱帯病を診療できる医療関係者を養成したり、治療薬・診断薬の開発に携わる意欲も湧かなかったからである。

国際保健はそのような中、途上国の健康問題に関心をもつ少数の人が携わる特殊な領域と考えられてきた。しかし、今や多くの国が低所得国の状況を脱して、疾病構造も私たちのそれに似てきており、少子高齢化も進行しつつある。このようなパラダイムの変化を踏まえて、「かわいそうな途上国の人々をチャリティで救う」という考えから、相互互恵で協力し合う、また、その中で医療や保健、さらには、介護を、外資が稼げる成長産業を育成するという考えが出てきた。

その先頭を切ったのが、メディカル・エクセレンス・ジャパン（Medical

Excellence JAPAN)で、「官民一体で、日本と相手国の医療界の人的ネットワークを構築し、相手国の医療の課題やニーズを踏まえ、日本の医療と、医療機器や医薬品、人材育成、医療・保険の制度・システムなどをトータルのパッケージで輸出し、日本式の医療を海外展開する取り組み」[7]が開始されている。

　このように典型的な地産地消産業の医療界の国際化に続いて、介護分野においても取り組みが始まっている。それが「アジア健康構想」[8]で、内閣官房を司令塔とし、日本式の介護や介護保険制度の普及を、今後、高齢化のうねりが来るアジア諸国に広げることを目指している。制度やサービスの供給体制が拡充すれば、今後我が国で発展していく介護ロボットなどを含めた介護関係製品のマーケット拡大となろう。

　この背景には、図表8-6に示した、国別の高齢化進行の時間差がある。すなわち、欧州ではフランスやスウェーデンのように19世紀から1世紀近くかけて高齢化したのに対して、アングロサクソン諸国は20世紀半ばから半世紀、日本は20世紀後半の四半世紀（24年）で高齢化の進行を見た。次に続く、中国、韓国、シンガポール、タイは2000年前後から日本よりいっそう速いスピードで高齢化し、インドとインドネシアはさらに遅れて高齢化に突入する。

　これは、言わば、高齢化「津波」の第1波、2波、3波というべきもので、先行する国がうまく波を乗り越えることができるかをよく見極めれば、失敗を避けることができる。日本は、現在、大きな波を越えようと様々な社会実験を重ねているところであり、その成功例・失敗例の共有は後に続く国にとって大いに参考になるであろう。さらには、そのような課題に取り組む、当事者国の政策担当者・実務家を今から養成することができれば、その国の将来の幹部職員として有意であろう。

　また、研鑽の一環として、日本でのサービス提供に貢献して頂けるとすれば深刻な人手不足状態にある介護サービス提供者にとってもウィン・ウィンの関係となる。そのための体系的な人的交流計画もこの構想の基軸となっている。今まで、人材がより豊かな国に流れることはブレーン・ド

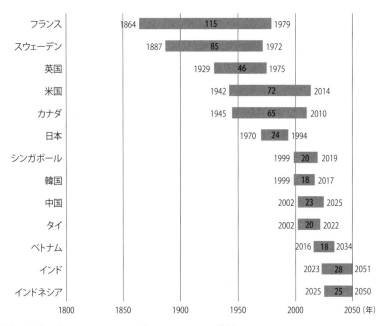

図表8-6　高齢化のスピード

(注)　高齢者比率が7%から14%になる「ダブリングタイム（年）」。
(出所)　Kinsella, K. and He, W., "An Aging World: 2008," U.S. Census Bureau, 2009にヒントを得て国連人口推計2015の数値を加味して筆者作成。

レイン（頭脳流出）と言われ問題視されてきたが、このような人材循環の考え方は、ユニークなものとして、国連事務局長保健人材ハイレベル委員会レポートにも取り上げられている[9]。

　日本は戦後、一貫して平和主義を貫き、豊かで健康な国づくりをしてきた。エボラに代表される健康危機管理への懸念、いくつかの国における、グローバル化の反動としての内向き政権の誕生など、我が国を取り巻く環境は大きく変化している。その中で、日本が世界に提示するものは数多くあるが、健康問題、特に長寿への取り組みは世界に誇るものであり、それを展開することによって新たな産業とすることもできる。

　それに気がついていないのは、実は私たちなのかもしれない。素晴らしいヒントは身の回りにあり、それらをビジネスとして共有し、また、さら

に素晴らしいものを海外から学べるとすれば、アジアはまちがいなく長寿が祝福される平和な地域となるであろう。その一歩を踏み出すのは私たち自身であることを最後に強調し、挑戦・課題の中に機会（チャンス）を見つけて進んでゆきたい。

（中谷比呂樹）

[注]
1) BBC Four, Hans Rosling's 200 Countries, 200 Years, 4 Minutes: The Joy of Stats (https://www.youtube.com/watch?v=jbkSRLYSojo).
2) Institute for Health Metrics and Evaluation, "Overview of Development Assistance for Health Trends," Financing Global Health 2012: The End of the Golden Age? chap.1, 2012 (http://www.healthdata.org/sites/default/files/files/policy_report/2012/FGH/IHME_FGH2012_Chapter1.pdf).
3) UN, Life Expectancy at Birth, Total (Years), UN data (http://data.un.org/Data.aspx?d=WDI&f=Indicator_Code%3ASP.DYN.LE00.IN).
4) 厚生労働統計協会『国民衛生の動向2016/2017』(『厚生の指標』増刊) 63巻9号、2017年。
5) 元の資料は、みずほコーポレート銀行「高齢者向け市場」『みずほ産業調査』39巻2号、2012年、Ⅲ-3 (http://www.mizuhobank.co.jp/corporate/bizinfo/industry/sangyou/pdf/1039_03_03.pdf)。
6) 仁志田博司『わが国の近代新生児医療発展の軌跡──その来し方、そして未来へ』メディカ出版、2015年。
7) Medical Excellence JAPANのHPを参照 (http://medical-excellence-japan.org/jp/mej)。
8) 健康・医療戦略推進本部、アジア健康構想に向けた基本方針、2016年7月29日 (http://www.kantei.go.jp/jp/singi/kenkouiryou/suisin/suisin_dai14/siryou4.pdf)。
9) High-Level Commission on Health Employment and Economic Growth, "Working for Health and Growth: Investing in the Health Workforce," 2016 (http://apps.who.int/iris/bitstream/10665/250047/1/9789241511308-eng.pdf?ua=1).

おわりに

　個人の身体精神など健康面でのウェルビーイング（well-being：幸福である状態）と、金融活動など経済面でのウェルビーイングは相互に関連している。その両者によって、個人の集合である社会全体のウェルビーイング、すなわち社会厚生の拡大も実現される。金融ジェロントロジーという概念なども用いながら、医学・工学などの自然科学、経済学・法学などの社会科学の研究者と、金融機関や民間シンクタンクの知見を集め、本格的高齢社会における、個人と社会のウェルビーイング増進の可能性を探る議論をまとめたのが本書である。

　健康面のウェルビーイング向上には、高齢期の心身機能の維持が不可欠だ。仕事を続ける、あるいは第一線の仕事は退いても、引き続き様々な形での社会参加を続けることで個人の健康面のウェルビーイングは増進され、それはまた労働力人口の確保、社会保障制度への負荷の軽減といった高齢社会の課題解決にもつながる。また、高齢者が仮に身体機能の一部を低下させるような疾病に見舞われても、再生医療や機能補助ロボットなど、医療・福祉の技術革新の成果を使って失われた機能の一部を回復できれば、それは個人のウェルビーイング向上に大きく寄与する。それは介護負担の軽減・介護給付費の抑制などにもつながり、社会全体にとっての課題解決に大きく寄与することになる。

　もちろん年を取れば心身機能低下のリスクは高くなる。認知症は、現時点では根治できず、認知機能の低下により金融面のウェルビーイングは脅かされる。しかし、だからこそ、個人が認知機能低下などについて正しく理解し適切な診断を得られるようにして、そうした状況のもとでも金融活動などが全く不能にならなくてすむようなサポート体制を事前に講じてお

くことが重要だ。認知機能低下が多大な影響を与える資産管理についても、金融機関のサポートを得つつ、資産寿命の伸長などを目的とした資産管理計画を策定し、後見制度などの利用促進も検討するなど、事前の措置を講じておくことはできる。

　団塊の世代が後期高齢者となる2025年にかけて、急速に増大すると予測されている医療・福祉ニーズへの対応は、日本の経済社会の持続可能性を脅かすものとなりかねない。しかし他方で、そうしたニーズに応えるための保健・医療システムのイノベーション、社会システム全体の変革などを適切に行うことができれば、それは次世代基幹産業の創出にもつながりうるものともなる。

　諸外国に先駆けて本格的な高齢社会に突入した日本の対応は、課題解決というだけでなく、新産業の創出も含めて世界中から注目されている。日本発の優れた先行事例は、他国の人々の幸福にも貢献する可能性を持っている。

　本書はそうした日本と世界の人々のウェルビーイングの向上のためにどうすべきかを考えるための基本的な視点を提示することを意図したものだ。そこには日本での金融ジェロントロジーの先鞭をつける部分もあったと考えている。もちろん本書は我々の調査研究の最初の成果であり、これを契機に研究者、実務家、政策担当者の間でさらに議論を広げかつ深めていくことになればこれに勝る幸いはない。

索 引

数字・A〜Z

2016年民法改正　144
2025年問題　14
AI（人工知能）　24, 26, 76, 83, 94
AIFG（米国金融ジェロントロジー研究所）　173
BMI（ブレイン・マシン・インターフェイス技術）　107
BMIリハビリテーション　116
CDR（クリニカル・ディメンシア・レーティング）　57
COI STREAM（革新的イノベーション創出プログラム）　70
DALY（障害調整生命年）　185
FCAT（財産管理能力アセスメント・ツール）　66, 165
FCI（財産管理能力の検査）　67, 165
GPIF（年金積立金管理運用独立行政法人）　53
HANDS療法　108, 109, 114, 116
ICT（情報通信技術）　26, 75, 87
IoT　76, 92
MCI（軽度認知障害）　60
MDG（ミレニアム開発目標）　183, 190
PeOPLe　78, 80, 88, 92, 95
SDG（持続可能な開発目標）　190

ア 行

アジア健康構想　196
アルツハイマー型認知症　21, 59, 137
いきいき百歳体操　124
意思決定能力　61, 72
意思能力　136
意思無能力　137
医療介護総合確保推進法　189
医療経済的効果　106
医療提供体制の改革　189
医療同意能力　61, 62
医療福祉テクノロジー　27, 99, 113, 114
医療福祉ニーズ　115
引退後の資産管理　166, 169
ウェルスケア　12, 24, 25, 27, 93
ウェルススパン（資産寿命）　172
ウェルビーイング　87, 93, 199
ウェルビーイング・プラットフォーム　83, 87, 91, 93, 165
運動障害　99
遠隔医療　68
遠隔地からの認知機能評価　26
遠隔認知機能評価　69

カ 行

外骨格型ロボット　100
介護離職　20
介護老人保健施設（老健）　113
改訂長谷川式簡易知能評価スケール　57
革新的イノベーション創出プログラム（COI STREAM）　70
確定拠出型年金　168
課題先進国　180
株式会社いろどり　125
期間寿命　35
キャパシティ・アセスメント・オフィス　65
虚弱（フレイル）　129, 131

201

金融ジェロントロジー　3, 23, 172, 173, 175, 177, 199
金融資産の年代別の分布　160
金融商品等取引名目詐欺　162
金融リテラシー　71, 191
繰り下げ支給制度　38
クリニカル・ディメンシア・レーティング（CDR）　57
グローバル・ヘルス　181, 184, 185
経済活動サポート　72
経済行動　47, 48
軽度認知障害（MCI）　59
健康格差　182
健康寿命　3, 14, 20, 21, 23, 24, 102, 103, 124, 173
健康な高齢化　129
後期現役　40
後期高齢者　200
後期高齢者医療制度　189
後見制度支援信託　156, 176
公的年金制度　37
行動経済学　44
高年齢者雇用確保措置　127
合理的期待仮説　49
合理的な個人　44
高齢化率　30, 32
高齢者雇用　40
高齢者就業率　38
高齢者の金融取引　137
高齢者の経済行動　47
高齢者の資産管理　160, 171
高齢者の投資行動　47, 51
高齢人口比率　12
国際保健　183
個人情報保護法　52
個人投資家意識調査　161
個別化医療　84

コーホート寿命　35
コミュニケーションエイド　100

サ　行

財産管理　142, 146, 149, 150
財産管理能力　26, 62, 65, 72
財産管理能力アセスメント・ツール（FCAT）　66, 165
財産管理能力の検査（FCI）　67, 165
再生医療　21
ジェロントロジー（老年学）　3
支給開始年齢　37, 38, 39, 43
支給開始年齢の引き上げ　42
資産運用しながらの取り崩し　167
資産運用能力　44
資産寿命（ウェルススパン）　3, 172, 175, 200
持続可能な開発目標（SDG）　190
疾患・重症度マップ　116
市民後見人　155
社会イノベーション　195
社会疫学研究　132
社会厚生　47, 48
社会保障給付　14
社会保障制度　16, 21, 22, 46, 74, 166
主観的記憶障害　60
主観的認知障害　60
出生率　32
寿命の伸長　33, 34, 36, 43
障害閾値　128
生涯現役社会　127
障害調整生命年（DALY）　185
情報通信技術（ICT）　26, 75
所得格差　43, 46
思慮深い投資家（プルーデント・インベスター）　176
神経リハビリテーション研究　119

人工知能（AI）　24, 26, 76, 83, 94
身上監護　142, 146
心身機能低下　164
親族後見人　140, 150
身体能力　14, 20, 21, 23
生活習慣病　131
生体信号反応式運動機能改善装置　100
成年後見実施機関（成年後見センター）　155
成年後見制度　27, 63, 138, 139, 147, 176
成年後見制度利用促進法　155
成年後見センター（成年後見実施機関）　155
成年後見人　140
成年被後見人　140
生命寿命　3
世界の少子高齢化の動向　193
世代重複モデル　51
善管注意義務　143, 146
選好の変化　48, 49
専門職後見人　140, 150

タ　行

退職年齢　32
第4次産業革命　24, 25
多自由度能動義手　99
多自由度能動装具　99
団塊の世代　14, 44, 74, 168, 200
地域医療構想　189
忠実義務　146
超高齢化社会　187, 189
超高齢社会　12, 14, 74, 115, 126
長寿高齢社会　99
長寿社会　43
長寿リスク　167, 170
超長寿化社会　40
超長寿社会　30, 31, 37, 46
治療のアルゴリズム　81, 82

治療のエンドポイント　116
低補助手　111
適合性の原則　163
デフレ　49, 50
登録金融ジェロントロジスト　173
特殊詐欺　162
都市化の進展　126
トップダウン的思考　119

ナ　行

ナショナル・クリニカル・データベース　90
日本版バイオ・デザイン　118
乳幼児死亡率　30, 31
任意後見監督人　151
任意後見契約　151, 152, 153
任意後見契約法　139
任意後見制度　63, 64, 139, 151, 153, 176
任意後見人　151
認知機能の低下　26, 27, 56, 59, 99, 139, 160, 177, 199
認知コストの上昇　48, 49,
認知症　17, 18, 26, 43, 57, 99
認知症高齢者　59, 63, 147
認知能力の低下　14, 17, 18, 19, 20, 21, 23, 43, 136
年金財政検証　38
年金支給年齢　51
年金積立金管理運用独立行政法人（GPIF）　53
脳科学　21
脳卒中　102

ハ　行

廃用手　111
パーソナルモビリティ　101
バンクオブアメリカ・メリルリンチ　173

判断能力の低下　44
ビッグデータ　26, 52, 76, 83, 84, 85, 91
ピープル（PeOPLe）　78, 80, 88, 92, 95
被保佐人　145
被補助人　146
ファイナンシャル・プランニング　169, 173
フィードバック　113, 114
賦課方式の年金財政　37
福祉国家　32
福祉テクノロジー　100, 101, 110, 114
振り込め詐欺　162
プルーデント・インベスター（思慮深い投資家）　176
フレイル（虚弱）　129, 131,
フレイルな状態　130
ブレイン・マシン・インターフェース　100, 107
平均寿命　33
米国金融ジェロントロジー研究所（AIFG）　173
ベビーブーマー世代　168
ヘルシー・エージング　190
ヘルスケア　12, 24, 25, 26
ヘルスケアマネジメントシステム　83, 84, 85
法定後見制度　63, 139
法定後見人　149
保険医療提供システム　94
保健医療2035策定懇談会　75
保健医療2035提言書　75
保険医療データ　77, 78, 79
保険医療分野におけるICT活用推進懇談会　78
歩行アシスト　99
保佐人　145
補助人　146
ボトムアップ型の研究開発　117, 118

マ 行

マクロ経済スライド　37, 38, 39, 42, 166

麻痺肢の使用頻度　113
ミニメンタルステート検査　57
ミレニアム開発目標（MDG）　183, 190
メディカル・エクセレンス・ジャパン　195
申立の動機　148

ヤ 行

要介護度　36

ラ 行

ライフコースアプローチ　128
ライフサイクル・モデル　26, 50, 52
ライフ・プランニング　173
利益相反行為　143
離職脳卒中患者　106
リハビリテーション訓練　107
リハビリテーション治療　107
老健（介護老人保健施設）　113
労働力人口　3, 19, 21
労働力人口の減少　22, 24
労働力率　22, 23
老年学（ジェロントロジー）　3
ロボット工学　21

ワ 行

ワークアビリティ　27, 132, 133
ワークアビリティ指数　132

研究会参加者一覧 (◆は本書の執筆・編集担当者)

【座長】
◆清家　篤　　　慶應義塾長、慶應義塾大学商学部教授

【参加者】(五十音順)
　岩崎俊博　　　野村資本市場研究所取締役社長兼野村證券代表執行役副社長
◆牛場潤一　　　慶應義塾大学理工学部准教授
◆小林慶一郎　　慶應義塾大学経済学部教授
◆駒村康平　　　慶應義塾大学経済学部教授
　関　雄太　　　野村資本市場研究所研究部長
◆武林　亨　　　慶應義塾大学健康マネジメント研究科・
　　　　　　　　医学部衛生学公衆衛生学教室教授
◆富永健司　　　野村資本市場研究所研究部副主任研究員
◆中谷比呂樹　　慶應義塾大学グローバルリサーチインスティテュート (KGRI) 特任教授
　中村陽一　　　野村證券商品企画部商品開発課長
◆野村亜紀子　　野村資本市場研究所研究部部長
　林　宏美　　　国際金融情報センター調査部首席研究員 (野村資本市場研究所より出向)
　日比野勇志　　野村證券営業企画部長
◆三村　將　　　慶應義塾大学医学部精神・神経科学教室教授
◆宮田裕章　　　慶應義塾大学医学部医療政策・管理学教室教授
　山本卓司　　　野村證券本店法人営業部長
　米永吉和　　　野村證券本店法人営業部営業七課長

【ゲストスピーカー】(五十音順)
◆犬伏由子　　　慶應義塾大学法学部教授
　江崎禎英　　　経済産業省商務情報政策局ヘルスケア産業課長
　三浦公嗣　　　慶應義塾大学病院臨床研究推進センター教授

(2017年1月現在)

【編著者紹介】

清家　篤（せいけ　あつし）
1954年、東京都生まれ。1978年、慶應義塾大学経済学部卒業。1983年、同大学大学院商学研究科博士課程単位取得退学、1993年、同大学博士（商学）。慶應義塾大学商学部助教授、同教授、同学部長を経て、2009年より慶應義塾長。現在、社会保障制度改革推進会議議長、日本労務学会会長も務める。専門は、労働経済学。主な著書に、『高齢化社会の労働市場』（東洋経済新報社、労働関係図書優秀賞受賞）、『高齢者就業の経済学』（共著、日本経済新聞社、日経・経済図書文化賞受賞）、『雇用再生』（NHK出版）など多数。2016年、仏政府よりレジオン・ドヌール勲章受章。

■ **高齢社会における金融・経済・医療に関する研究会**
高齢社会の到来が、金融・経済・医療に及ぼす課題を洗い出し、求められる対応について幅広く議論することを目的として、慶應義塾大学と野村資本市場研究所により立ち上げられた共同研究会。2016年4月から2017年1月に計10回開催された。本書は、同研究会における議論を中心に取りまとめたもの。

金融ジェロントロジー
「健康寿命」と「資産寿命」をいかに伸ばすか

2017年4月27日　第1刷発行
2019年8月19日　第2刷発行

編著者――清家　篤
発行者――駒橋憲一
発行所――東洋経済新報社
　　　　　〒103-8345　東京都中央区日本橋本石町1-2-1
　　　　　電話＝東洋経済コールセンター　03(5605)7021
　　　　　https://toyokeizai.net/

装　丁…………吉住郷司
ＤＴＰ…………アイランドコレクション
印　刷…………東港出版印刷
製　本…………積信堂
編集担当………水野一誠
©2017 Seike Atsushi　Printed in Japan　ISBN 978-4-492-73342-4

本書のコピー、スキャン、デジタル化等の無断複製は、著作権法上での例外である私的利用を除き禁じられています。本書を代行業者等の第三者に依頼してコピー、スキャンやデジタル化することは、たとえ個人や家庭内での利用であっても一切認められておりません。

落丁・乱丁本はお取替えいたします。